W0416899

NATURFÜHRER EIDERMÜNDUNG

Holger A. Bruns, Sibylle Stromberg, Stefan Wolff

unter Mitarbeit von

Rainer Borcherding, Sabine Gettner, Rainer Kolbe

Husum

Rothalstaucher macht Gymnastik

DANKESCHÖN

Unser Dank gilt allen, die zur Verwirklichung dieses Projektes beigetragen haben. Anregungen, Fragen, Kritiken und Überlegungen haben dazu geführt, dass aus einer geplanten etwa 80-seitigen Broschüre im A5-Format nun ein Werk von gut 160 Seiten entstanden ist. Diese Entwicklung zeigt, dass es viel von der Eidermündung zu berichten gibt und dass das Interesse an der Natur groß ist.

Die Mitglieder der NABU-Gruppe Eidermündung und die MitarbeiterInnen des NABU Naturzentrums Katinger Watt haben in vielen Stunden Flora und Fauna erfasst, Ideen für das vorliegende Buch geliefert und vor allem in zahllosen Arbeitseinsätzen bei Wind und Wetter, manchmal auch bei Sonnenschein die Lebensräume für Pflanzen und Tiere erhalten und verbessert.

Besonderer Dank gilt Sabine Gettner und Rainer Borcherding für die kritische Durchsicht der Texte und für ihre Verbesserungsvorschläge. Rainer Kolbe hat das Manuskript fachkundig auf Spuren des Fehlerteufels untersucht.

Die Finanzierung des Naturführers wurde dankenswerterweise durch Mittel der Umweltlotterie Bingo, der Leica Camera AG und der Beatrice Nolte Stiftung ermöglicht. Ohne diese Unterstützung wäre die Verwirklichung dieses Projektes nicht denkbar gewesen.

Allen Fotografen danken wir für die Bereitstellung ihrer Aufnahmen, die uns die eindrucksvolle Welt der Eidermündung in schönen Bildern vor Augen führen.

BINGO! Die Umwelt Lotterie

Leica

BEATRICE NOLTE STIFTUNG
FÜR NATUR- UND UMWELTSCHUTZ

INHALT

Säbelschnäbler vertreibt eine männliche Brandente aus der Nähe seines Nestes

Naturerlebnisse vor unserer Haustür

Das Erleben der Natur ist spannend und anregend. Natur macht Spaß! Dabei ist der Weg des Einzelnen, sich mit der Natur auseinander zu setzen, vielfältig, emotional und nicht frei von Konflikten. Ob mit dem Fahrrad oder dem Surfbrett, ob allein in aller Stille mit einem Fernglas oder auf einer Wanderung in der Gemeinschaft, ob als Jäger, Reiter und Angler oder in einem Naturkindergarten – unsere Möglichkeiten, sich der Natur zu nähern, sind vielfältig und widersprüchlich. Für viele würde ohne diese Natur irgend etwas fehlen, aber dennoch zeigt unser Verhalten, dass es uns oft an Verständnis und Akzeptanz für unsere Mitgeschöpfe fehlt. Wir haben den Umgang mit ihnen verlernt. Wir sind zu Naturkonsumenten geworden, nach denen sich alles zu richten hat. Folgerichtig hätten viele gern eine sortierte, ordentliche und bequeme Natur. Natur aber ist in der Realität dynamisch und wild. Bequem ist Natur nur in der Werbung und am Fernseher. Hinzu kommt, dass viele anregende Naturbeobachtungen nur mit einem Basiswissen möglich sind. Draußen lernen wir nur langsam durch eigenes Erleben und selbst nach jahrelanger intensiver Erfahrung in der Natur geschieht immer wieder noch Unerwartetes.

Dieser Naturführer möchte dem Leser einen Blick hinter die Kulissen der Schutzgebiete in der Eidermündung ermöglichen. Er dient der Orientierung. Er wird Unbekanntes und Wissenswertes über Pflanzen und Tiere bieten, soll aber auch zum Fühlen und Staunen anregen. Bei unserer täglichen Arbeit mit naturbegeisterten Menschen im NABU Naturzentrum Katinger Watt werden hierfür gezielt die Sinne geschärft.

Wo sind eigentlich die Frösche im Winter, wo die Zugvögel? Hat ein Bisam einen Wert – er ärgert uns ja nur? Warum wachsen Orchideen nicht in einem Hausgarten? Wir werden versuchen, einige der oft gestellten Fragen aus unserer Sicht zu beantworten. Die Vielfalt der angesprochenen Themen führt zu einem bunten Strauß von Texten. Selbstverständlich lassen sich die komplexen Naturphänomene in den kurzen Kapiteln nicht gründlich durchleuchten. Vielmehr möchten wir so Ihre Neugierde wecken, Sie zum Nachschlagen und -fragen anregen. Basisinformationen über die Natur der Eidermündung wiederholen sich zum besseren Verständnis in mehreren Kapiteln. Ein Stichwortverzeichnis und Querverweise im Text führen Sie aber auch zu weiteren Informationen, die an anderen Stellen im Naturführer zu finden sind. Symbole am Textrand dienen dem schnellen Auffinden von Beobachtungshinweisen und -tipps.

Zunächst stellen wir die Schutzgebiete in der Eidermündung und ihre Besonderheiten vor, gefolgt von den typischen Lebensräumen am Fluss. Mit Hilfe von Karten und Beobachtungshinweisen führen wir Sie gezielt an Orte, wo Sie diese naturverträglich erleben können. Einige Themen rund um den Naturschutz kommen in den Gesprächen mit unseren Gästen regelmäßig zur Sprache. Diese stehen im nächsten Kapitel im Vordergrund. Wir möchten Ihnen so die Arbeit des Naturschutzes vor Ort näher bringen, um Verständnis für die jeweils getroffenen Maßnahmen zu wecken.

Sie haben einen Frosch oder einen Tagfalter gesehen und möchten wissen, welcher Art er angehört? Zur ersten Orientierung werden einige der gebietstypischen Tierarten in den dann folgenden Kapiteln vorgestellt. Den Abschluss dieses Natur-

Linke Seite: Männliche Uferschnepfe – auch diese Art brütet auf den Eiderdammflächen

Männliche Spießente – Enten lassen sich im Frühjahr gut im Naturinformationsareal beobachten.

führers bildet der Schwerpunkt „Naturerleben". Hier werden Möglichkeiten für schöne, interessante Naturbeobachtungen an der Eidermündung zusammengefasst. Sie finden Karten mit Fahrrad- und Wanderwegen und günstigen Aussichtspunkten, Schutzhütten und Parkmöglichkeiten.

Im NABU Naturzentrum stehen wir gern Rede und Antwort und geben Gästen eine Starthilfe für ihre Naturerlebnisse. Wir wünschen Ihnen eine tolle Zeit in der Natur an der Eidermündung!

Zur Benutzung dieses Naturführers

Eine gute Orientierung ist im Gelände ebenso wichtig wie in einem Buch, daher haben wir versucht, Texte, Bilder und Karten möglichst übersichtlich anzuordnen und Hinweise zum schnellen Auffinden von ergänzenden Informationen zu geben. Neben den üblichen Hilfen wie Artenregister für Tiere und Pflanzen und einem Stichwortregister am Ende des Naturführers haben wir für Sie weitere Navigationshilfen an den Seitenrändern platziert:

Seite 38

15

43

Das Fernglas und der rote bzw. orange Punkt weisen auf Stellen in den Karten hin, an denen die im Text erwähnten Ortsangaben 15 und Phänomene 43 wiedergefunden werden können. Das ermöglicht eine bessere Orientierung im Raum und erleichert das Finden von interessanten Beobachtungsplätzen im Gelände. Unter dem Fernglas steht die entsprechende Seitenzahl der Karten und im farbigen Punkt die fortlaufende Nummer der Hinweispunkte. Eine Auflistung aller Punkte finden Sie auf den Seiten 160/161.

Seite 115

Der Pfeil befindet sich zusammen mit einem **fett blau gefärbten Textteil** an den Stellen, an denen eine thematische Verbindung zu einem anderen Kapitel besteht. Damit sind die Querverbindungen innerhalb des gesamten Textes deutlich sichtbar und das Verfolgen dieser Hinweise wird erleichtert. Befinden sich Verweis und Ziel auf derselben Doppelseite, wurde auf einen Pfeil verzichtet und nur ein Hinweis im Text verwendet.

Gegenlicht über der Eider

Das Drama eines Flusses

Wer heute den Beobachtungsturm am Eiderdamm (16) besteigt, schaut auf eine Landschaft aus Wiesen und Weiden, Wald und Süßgewässern. Kaum etwas erinnert noch daran, dass vor nicht allzu langer Zeit genau an dieser Stelle die tosende Flut der Nordsee die Szenerie beherrschte und bei Ebbe eine Wanderung auf den weiten Wattflächen der Eider möglich war. Die friedlich daliegende Landschaft entspricht so gar nicht mehr dem einstigen Mündungsgebiet der Eider, wo das süße Flusswasser auf das salzige Meerwasser stieß und umgekehrt im Takt der Gezeiten das Meerwasser weit den Fluss hinaufströmte. Nichts ist mehr zu spüren von der Angst der Menschen vor dem einst mit dem Meer verbündeten wilden und ungezähmten Fluss.

Die Furcht vor den Naturgewalten prägte auch den alten Namen des mit 185 Kilometer längsten Flusses Schleswig-Holsteins: *Egidorae fluminis* – was so viel heißt wie „Tor des Schreckens", das den ge- waltigen Kräften des Meeres Einlass bis weit in das Binnenland gewährte. Der Meeresriese Ægir aus der nordischen Mythologie war der Namenspate. Der Sage nach tauchte dieser Riese des Schreckens nur aus seiner Unterwasserwelt auf, um Schiffe und Seeleute in die Tiefe seines Reiches zu ziehen. Der in historischen Quellen gefundene Name *Egidorae fluminis* setzt sich aus dem altsächsischen *agis* = Schrecken/Furcht bzw. *egi* = Flut/See und *dora* für Tor und dem lateinischen Wort *flumen* für Fluss zusammen. So wie die ursprüngliche Wildheit des Flusses verloren ging, relativierte sich auch die im Namen ausgedrückte Angst – aus „*Egidorae fluminis*" wurde die „Eider".

Seitdem Menschen an den Ufern der Eider leben, haben sie den Fluss und die Landschaft verändert und über Jahrhunderte das natürliche Bild gewandelt. Heute ist die Eider durch wasserbauliche Maßnahmen nur noch 108 Kilometer lang und ihre Mündung durch einen 4,8 Kilometer langen Damm vom Meer getrennt. Nach wie vor gehören große Teile Schleswig-Holsteins zum Einzugsgebiet der Eider (siehe unten), die zusammen mit den Flüssen Treene und Sorge ein weit verzweigtes System bildet. Dieses System ist heute zerschnitten und wirkt nicht mehr als Einheit.

Seite 40

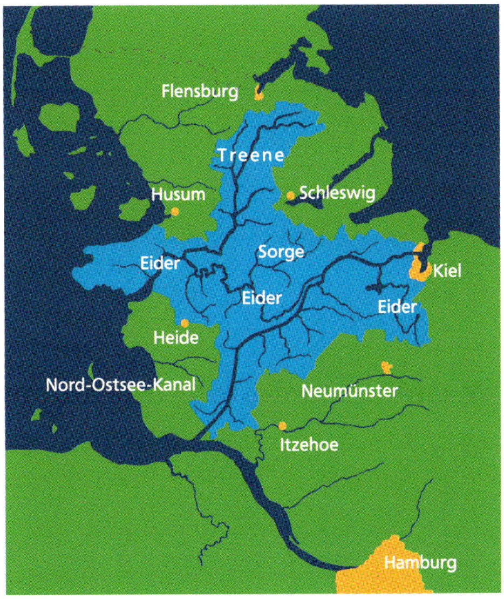

Abb. 1: Einzugsgebiet der Eider

In den Flüssen sammelt sich das ober- oder unterirdisch abfließende Niederschlagswasser und wird wieder dem Meer zugeführt. Das von einem Fluss entwässerte Gebiet heißt Einzugs- oder Niederschlagsgebiet. Seine Größe bestimmt die Menge des Wassers, die in den Fluss gelangt und den Fluss zu dem macht, was ihn auszeichnet – zu einem fließen-

Abb. 2: Verlauf der Eider durch Schleswig-Holstein

den Gewässer. Fließgeschwindigkeit und Wasservolumen prägen in einem Fluss ganz wesentlich die Lebensbedingungen der Pflanzen und Tiere, und jede Änderung bleibt nicht ohne Folgen für sie und auch nicht für das Abflussgeschehen des Flusswassers. Diese Erkenntnis gewannen die Menschen in dem 600 Jahre währenden Umbau der Eider.

Menschen verändern den Fluss

Das Quellgebiet der Eider liegt südlich von Kiel. Eiszeitliche Sedimentablagerungen versperren ihr den Weg zur nahen Ostsee und zwingen sie zur Richtungsänderung und einmal quer durch Schleswig-Holstein in Richtung Nordsee. Im Einflussbereich der Nordsee konnte das Meerwasser aufgrund der Gezeiten weit in das ehemals unverbaute Flusssystem eindringen. Bei Sturmfluten kam es dann im Binnenland zu Überschwemmungen und zum Rückstau von Süßwasser. So entstanden in den Niederungen sumpfige und moorige Landschaften, die sich für die Besiedlung durch Menschen wenig eigneten. Also begannen die Bewohner dieser Landstriche schon vor Jahrhunderten, die Natur zu ihren Gunsten zu formen. Deiche, Kanäle, Abdämmungen wurden gebaut, Siele (Entwässerungstore), Schöpfwerke, Schleusen und Sperrwerke errichtet. Dabei stellte sich heraus, dass ein augenblicklicher Gewinn oft unerwartete, nachteilige Folgen nach sich zog.

Mit dem Bau von Deichen im 14. und 15. Jahrhundert an Eider und Treene griffen unsere Vorfahren erstmals großräumig in das Flusssystem ein. Nun schützten zwar die Deiche die dahinter liegenden Gebiete, dafür drang aber die Flutwelle bei Sturmfluten im jetzt eingeengten Flussbett weiter in das Binnenland ein als je zuvor. Dies war eine direkte Folge der zum Schutz erbauten Deiche, die nun eine Ausbreitung der Wassermassen in die Überflutungsräume des küstennahen Flusssystems unterbanden. Die Wassermassen gelangten so auch verstärkt in die Nebenflüsse Treene und Sorge.

Die Abdämmung der Treene 1569/70 sollte dieses Problem lösen. Sie war von nun an nur noch über ein Siel und eine Schleuse mit der Eider verbunden. Doch dieser Schutz vor den einbrechenden Sturmfluten wurde mit Entwässerungsproblemen

im Binnenland bezahlt. Bei hohen Wasserständen in der Eider staute sich das Oberflächenwasser in den Niederungen.

Im Laufe der Zeit entwickelten sich die Probleme im Wasserhaushalt der Eider durch Deichbau, Abdämmung von Nebengewässern und den Rückstau von Binnenwasser weiter. Je mehr die Eider kanalisiert und der Überflutungsraum für das vom Meer kommende Wasser eingeengt wurde, desto weiter drang die Flutwelle bei Sturmereignissen in das Binnenland ein. Die Reaktionen auf diese neuen Probleme waren der Bau von weiteren Deichen und Schöpfwerken, die nun das Wasser aus den tiefer liegenden Flächen aufwärts in den höher liegenden Fluss schöpfen mussten. Zudem wurde der Nebenfluss Sorge durch den Erfder Damm in den Jahren 1620 bis 1630 von der Eider abgeschnitten.

Der Wunsch nach einer schiffbaren Verbindung zwischen Nord- und Ostsee bewirkte den nächsten schweren Eingriff in das Gewässersystem der Eider. Ende des 18. Jahrhunderts (1777 bis 1784) begann man mit dem Bau des Alten Eiderkanals. Zwischen Rendsburg und Kiel wurde der Oberlauf der Eider vertieft und mit einem künstlich geschaffenen Graben an die Kieler Förde angebunden. Neben der Vertiefung der Eider wurden auch Flussschlingen begradigt und damit die Länge des Gewässers verkürzt. Die Obereider änderte ihre Fließrichtung und führte nun einen Großteil des Wassers in die Ostsee und nicht mehr in die Nordsee. Die jetzt fehlenden Wassermengen ließen die Eider in Richtung Nordsee versanden. Sedimente, die mit der Kraft des Tidestromes und durch Sturmfluten in das Landesinnere getragen wurden, konnten nicht mehr zurück in das Meer gespült werden. Mit der zunehmenden Versandung des Flussbettes wuchsen wiederum die Probleme bei der Entwässerung des tiefer liegenden Binnenlandes. Zusätzlich verlangsamte der verringerte Querschnitt des Flussbettes den Abfluss von Süßwasser aus den flussaufwärts gelegenen Regionen.

Eiderabschnitt bei Friedrichstadt

Einmal quer durch das Land – der Nord-Ostsee-Kanal

Mit dem Bau des Nord-Ostsee-Kanals etwa ein Jahrhundert später (1888 bis 1895 als Kaiser-Wilhelm-Kanal gebaut) wurde abermals nachhaltig in die Wasserverhältnisse eingegriffen. Die Eider wurde bei Rendsburg abgeschnitten und ihr Oberlauf sowie der Alte Eiderkanal dem Kanal einverleibt. Die Flussstrecke verkürzte sich damit von 185 auf 108 Kilometer. Das gesamte Eidergebiet oberhalb von Rendsburg sowie alle südlich vom Kanal abgeschnittenen Zuflüsse entwässerten fortan in den Kanal. Das bedeutete, dass vom oberen Teil des ehemaligen Gewässersystems keine Wassermassen mehr durch die Eider dem Meer zustrebten und ohne diesen Gegendruck des Süßwassers konnte die Tidewelle nun bis nach Rendsburg auflaufen. Wie schon nach dem Bau des Alten Eiderkanals zeigten sich die bekannten Folgen: Die Eider versandete zunehmend, ihr Flussbett erhöhte sich weiter und die Entwässerung des Binnenlandes verschlechterte sich abermals.

Die zunehmende Kraft der Tidewelle machte eine Verstärkung der Deiche notwendig, was auf dem moorigen Grund der Niederungen nicht unbegrenzt möglich war, da die Deiche absackten, aufweichten und brüchig wurden. Gleichzeitig wurde eine Vertiefung des Flussbettes notwendig, um der Versandung entgegenzuwirken. Sowohl im Mündungsbereich als auch entlang des Flussbettes lagerten sich die mitgeführten Sedimente ab. Diese positive Sedimentbilanz verstärkte den natürlichen Prozess der Bildung von Marschenländern vor den Deichen wie z. B. die vom Oldensworter Vorland und vom Dithmarscher Eidervorland und schuf im Mündungsbereich Bedingungen, die das Entstehen einer Insel, die später die „Grüne Insel" genannt werden sollte, ermöglichten.

ab Seite 62

Die typische Abfolge von Lebensbedingungen für Tiere und Pflanzen im Verlauf eines Flusses wurden durch den Bau des Nord-Ostsee-Kanals zerstört. Die an das Süßwasser angepassten Organismen aus dem Quellgebiet haben bei ihrem Eintritt in den Kanal keine Chance zu überleben, da das Süßwasser hier bereits durch die Verbindung zu Nord- und Ostsee mit Salzwasser vermischt ist.

Aber auch im Unterlauf führten weitere wasserbauliche Maßnahmen zu Veränderungen für die Tier- und Pflanzenwelt. In Nordfeld wurde 1936 ein Sperrwerk errichtet. Bei Lexfähre entstand eine Zwischenabdämmung, die als Staustufe für gleichmäßig hohe Wasserstände in dem nun abgetrennten Eiderabschnitt zwischen Nordfeld und Rendsburg sorgen sollte. Durch den Bau des Giselau-Kanals wurde eine neue Schifffahrtsverbindung von der Eider zum Nord-Ostsee-Kanal geschaffen. Die Hoffnung auf eine Verbesserung des Sturmflutschutzes oberhalb von Nordfeld erfüllte sich, aber die Situation in der neuen Binneneider zwischen Rendsburg und Nordfeld veränderte sich zum wiederholten Male nachteilig: Die endgültige Zerstückelung des Flusslaufes brachte eine verstärkte Versandung und eine verschlechterte Entwässerung des Umlandes mit sich und damit einhergehende Probleme mit der Schifffahrt auf diesem Eiderabschnitt. Die Veränderungen für die **Lebensgemeinschaft in der Eider** waren gravierend. Wandernde Fischarten, wie der Gemeine Stör, konnten nicht mehr aus dem Meer zu ihren Laichplätzen im Süßwasserabschnitt des Flusses gelangen. Das Vorkommen dieser Fischart in der Eider erlosch völlig und damit auch die einst lukrative Störfischerei.

Das Eidersperrwerk

Die bei Tide bewegten Wassermassen hatten nun einen geringeren Ausbreitungsraum zur Verfügung als je zuvor. Die veränderten Strömungsverhältnisse führten mit der Zeit zu einer weiteren Versandung des Mündungsbereiches. Die von der Flut mitgebrachten Sedimente konnten bei Ebbe nicht mehr mit dem abfließenden Wasser aus der Eider gespült werden (Trichtereffekt, siehe Abbildung rechts). Die Versandung beeinträchtigte wiederum die Entwässerung der Eider-Treene-Sorge-Niederung so erheblich, dass es 1947 zu großflächigen Überschwemmungen in der Niederung kam. Das erhöhte Flussbett verhinderte das Abfließen größerer Wassermassen aus den Niederungsgebieten. Daraufhin wurde beim Sperrwerk Nordfeld ein Spülbetrieb eingerichtet. Bei auflaufendem Wasser ließ man das Wasser durch das Sperrwerk in Nordfeld flussaufwärts laufen und schloss bei Tidewechsel die Schleusen, sodass sich das Wasser oberhalb der Schleuse staute, unterhalb aber schon ablief. Bei Niedrigwasser wurden die Schleusen wieder geöffnet und das hoch aufgestaute Wasser sollte mit dem ablaufenden Wasser die Eider gründlich ausspülen. Dieses Prinzip funktionierte zwar, aber die Erfolge blieben bescheiden. Letztendlich reichte die Kraft des angestauten Wasservolumens nicht aus, die Mündung freizuhalten.

Aufgrund zunehmender Versandung der Tideeider und unter dem Eindruck der schweren Sturmflut von 1962 wurde im „Generalplan Küstenschutz“ von 1963 die mündungsnahe Abdämmung der Eider zwischen Vollerwiek am Nordufer und Hundeknöll am Südufer beschlossen. Diese hatte zum Ziel, die verteidigungstüchtig zu haltende Deichlinie an der Tideeider bis Nordfeld von gut 60 km auf die Länge des Eiderdamms von 4,8 km zu verkürzen. Das Schicksal des einst größten schleswig-holsteinischen Flusses mit seinem tidebeeinflussten Mündungsgebiet war damit besiegelt.

Abb. 3: Der Trichtereffekt: Bei Flut (oben) erhöht das verengte Flussbett die Fließgeschwindigkeit des einströmenden Wassers. Mit der Zunahme der Fließgeschwindigkeit können Sedimente verstärkt flussaufwärts transportiert werden.

Bei Ebbe (unten) dagegen nimmt die flussabwärts gerichtete Strömung durch die Aufweitung des Flussbettes rasch ab und die mitgeführten Sedimente lagern sich ab. Die mit der Flut eingetragenen Sedimente werden nicht wieder hinausgespült – die Eider versandet. Der Verlust von Wassermengen aus den abgetrennten Einzugsgebieten schwächt die flussabwärts gerichtete Strömung zusätzlich.

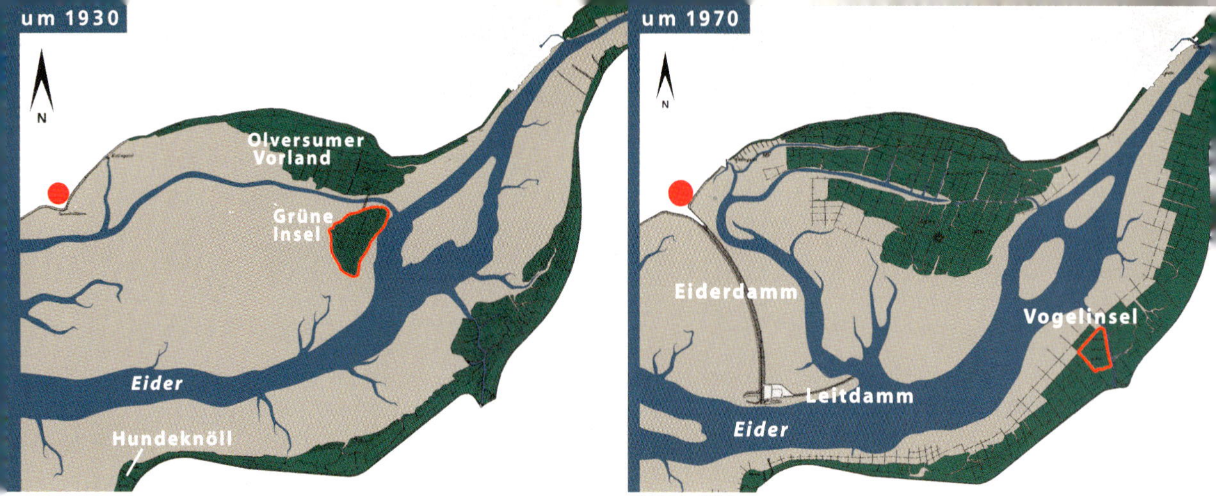

Abb. 4: Veränderungen in der Eidermündung in den Jahren 1930, 1970, 1975 und 2000

alle
Seite 44

Das Eidersperrwerk dämmt die Flussmündung ab

In den Jahren 1967 bis 1973 wurden Eiderdamm 8 und Eidersperrwerk 7 gebaut. Der 8,50 Meter hohe, schaar liegende Sanddeich (schaar = ohne schützendes Vorland) wurde mit einer Asphaltdecke zur Sicherung gegen Wellenschlag überzogen. Von nun an strömte das Wasser nicht mehr durch die ehemals 4,8 Kilometer breite Flussmündung, sondern durch das nur noch 200 Meter breite Sperrwerk.

Jetzt konnte der Mensch die Ein- und Ausströmgeschwindigkeit sowie den Wasserstand in der Eider steuern. Das Hinterland kann vor Sturmfluten gesichert und unabhängig von ihnen entwässert werden. Die Abdämmung der Flussmündung eröffnete aber zudem Möglichkeiten für einen weiteren Umbau der Flusslandschaft.

So stellte sich nach Abschluss der Arbeiten am Eiderdamm die Frage: Was soll mit dem Mündungsgebiet geschehen? Landschaftsplaner entwarfen für die jetzt abgedämmte Eidermündung acht Gestaltungsvorschläge. Von „als weiterhin von Gezeiten beeinflusste Naturlandschaft" bis „modellierter Süßwasserkoog als Erholungsgebiet" reichten die Überlegungen. Anfangs lief die politische Willensbildung gegen eine naturnahe Entwicklung der eingedeichten Flussmündung in Richtung auf eine radikale Umwandlung zum Freizeitpark. Für dieses Ziel waren allerdings weitere großräumige Eingriffe notwendig, denn noch unterlag die abgedämmte Flussmündung über die Durchlässe im Eidersperrwerk dem Einfluss der Gezeiten. 1974 wurde ein weiterer, sechs Kilometer langer Damm, der sogenannte Leitdamm 9, zwischen Eiderdamm und „Grüner Insel" gebaut (s. o. Karte 1975). Er schnitt die nördlichen Wattflächen bis zum Ort Kating vom Einfluss der Gezeiten ab und wandelte so die Hälfte der Eidermündung in einen eingedeichten Koog um. Mit der Zeit süßten Niederschläge das Gebiet und die Priele aus. 7,8 Kilometer verlegte Drainagerohre und 25 Kilometer ausgehobene Entwässerungsgräben beschleunigten diesen Prozess und legten die einst amphibische Landschaft trocken. Im eingedeichten Gebiet mit dem irreführenden Namen „Katinger Watt" lief das Wasser zukünftig nur noch in eine Richtung: Aus dem Koog über ein Siel im Leitdamm 10 in die Eider. Damit waren endgültig die Weichen gestellt, um aus der marinen Flussmündung eine künstliche Freizeitlandschaft für „Landbewohner" zu entwickeln.

Vom Watt zum Freizeitpark?

Das touristische Konzept für das Katinger Watt sah 1969 eine Feriensiedlung mit 4 500 Betten, einen Platz für 5 400 Camper, einen Golf- und Flugplatz sowie Sportanlagen zum Bogenschießen, Fallschirmspringen, Wasserski- und Gokartfahren vor. Diese touristische Infrastruktur sollte in eine parkähnliche Landschaft mit einem Erholungs- und Nutzwald im Zentrum eingebettet werden. Zudem sollte ein Drittel der etwa 1 200 Hektar großen, neu gestalteten Landschaft der landwirtschaftlichen Nutzung überstellt werden. Gegen diese Planungen entwickelte sich jedoch massiver Widerstand, der sich in einer Bürgerinitiative organisierte. Schließlich kam man wieder von den Plänen für einen Freizeitpark ab und wollte nun einen Erlebnisraum zur naturnahen Erholung

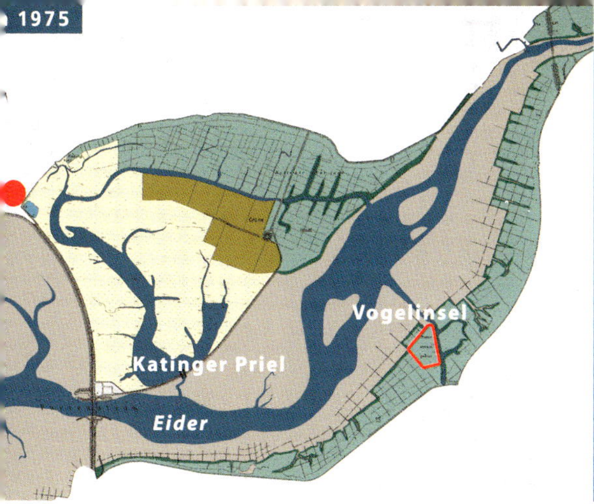

schaffen. Dieser Sinneswandel geschah nicht zuletzt, weil die vorgesehene Kapazität von 9 900 Übernachtungsmöglichkeiten in Ferienhäusern und für Camper eine massive Konkurrenz für die bestehenden touristischen Betriebe der Region bedeutet hätte. Doch in der Zwischenzeit hatte man bereits mit den umfangreichen Umgestaltungsmaßnahmen in der Landschaft begonnen, die nicht mehr rückgängig gemacht wurden.

Das einstige Konzept berücksichtigte bei der räumlichen Verteilung der geplanten Nutzungen die beiden Bodentypen (Sand- und Kleiboden) im Katinger Watt: Auf den extrem nährstoffarmen ehemaligen Sandwattflächen westlich des Katinger Priels 25, die nur wenig für eine landwirtschaftliche Nutzung geeignet waren, sollte der Freizeitpark entstehen. In diesem Teilgebiet änderte der Katinger Priel noch während der Bauphase der Eiderabdämmung seinen Verlauf von westwärts nach südwärts in Richtung Eider (s. o. Karte 1930/1975). Diese ehemaligen „Fremdenverkehrsvorbehaltsflächen" bilden heute das Naturinformationsareal und die Eiderdammflächen und sind Teil des Naturschutzkonzeptes in der Eidermündung.

Für die **Anlage des Katinger Waldes** auf den ehemaligen Sandwattflächen östlich des neu verlaufenden Katinger Priels musste ein erheblicher Aufwand betrieben werden. Während der Aufforstungsphase von 1974 bis 1981 wurden auf einer Fläche von rund 300 Hektar 1,75 Millionen Bäume gepflanzt. In dieser Phase wurde der „Ringpriel" 26 mit Verbindung zum Katinger Priel (s. o. Karte 2000) gestaltet. Der nährstoffreiche Boden zwischen Kating und der „Grünen Insel" (s. o. Karte 1970) wurde in den Jahren 1976 bis 1981 zu Ackerland umgewandelt (s. o. Karte 2000). Hierfür wurden die ehemaligen Priele zugeschüttet und ein neues Grabensystem zur Entwässerung angelegt. Der tiefe Umbruch der ehemaligen Salzwiesen förderte die schnelle Entsalzung und Entwässerung des Bodens. Die flussnahen Bereiche der „Grünen Insel" und das Olversumer Vorland wurden hingegen weiter als Weideland genutzt. Auch sie sind heute Bestandteil der Naturschutzflächen in der Eidermündung.

Vom Watt zum Feuchtgrünland!

Im Wirrwarr der verschiedenen Interessengruppen, die das jetzt „trockene" Land nutzen wollten, entstand in den Jahrzehnten nach der Abdämmung eine Vielzahl neuer Landschaftselemente in der Flussmündung. Heute versucht der Naturschutz so viel wie möglich von der regionaltypischen Flusslandschaft zu erhalten bzw. wiederherzustellen. Statt Freizeitpark bilden das Naturinformationsareal mit den Eiderdammflächen und die Naturschutzgebiete „Grüne Insel mit Eiderwatt", „Oldensworter Vorland" und „Dithmarscher Eidervorland mit Watt" ein **großes, zusammenhängendes Gebiet von Feuchtgrünland** – ein Refugium für Wiesen- und Küstenvögel und ein Erlebnis für den Menschen.

Seite 44

Seite 21

Seite 80

Seite 44

Kindergärten im Reich des Meeresriesen

Seite 9

Die Eiderente ist eine typische Meeresente, die ihren **deutschen Namen** demselben Meeresriesen Ægir aus der nordischen Mytologie verdankt wie auch der Fluss. Ihr wissenschaftlicher Name *Somateria mollissima* bedeutet hingegen „die Allerweichste mit dem schwarzen Körper" und bezieht sich auf die fantastisch weichen, sehr gut isolierenden Eiderdaunen, die die Altvögel vor dem kalten Meereswasser und die Gelege vor dem kalten Wetter in den nordischen Brutgebieten von Island bis Sibirien schützen. Ein komplettes Daunennest wiegt nicht mehr als 18 Gramm. Die Brutgebiete an der Küste des Wattenmeeres bilden die südliche Verbreitungsgrenze dieser Vogelart in Europa (Brutbestand in Schleswig-Holstein 2001 ca. 430 Paare).

Seite 44

Wie für Enten typisch, brütet das Weibchen allein und gut getarnt durch ihr beige und graubraun gesprenkeltes Federkleid. Nach dem Schlupf der Küken führen die Entenmütter den Nachwuchs in „Kindergärten" zusammen, die von „Tagesmüttern" bewacht werden, damit sich die Brutweibchen der Nahrungssuche widmen können, nachdem sie während der Brut gefastet haben. Eiderenten fressen überwiegend Muscheln und Krebse, die sie tauchend oder gründelnd erbeuten (Tauchtiefe: 20 bis 25 m). Sie knacken die hartschalige Beute mit einem muskulösen Kaumagen und scheiden die großen Schalentrümmer als Speiballen und das viele Meeressalz über starke Salzdrüsen in der Stirn aus. Das alles ist sehr energieaufwendig. Gerade in kalten Wintern oder wenn es an der richtigen Muschelgröße fehlt, kann die Rechnung negativ sein: Die Energiekosten für Tauchen und Verdauen sind dann größer als der Energiegewinn aus dem Muschelfleisch – die Enten verhungern. Eiderenten halten sich ganzjährig im Wattenmeer auf, besonders viele sind es im Winter und zur Mauserzeit Ende Juni bis Mitte Oktober. Das Gros der Eiderenten bleibt allerdings an der Ostsee, von wo ein kleiner Teil – das sind immerhin mehrere Hunderttausend Vögel – das Wattenmeer besucht. Der Fluss Eider dient den Vögeln dabei regelmäßig als Zugroute. Er gibt den Enten Orientierung beim Überlandflug quer durch Schleswig-Holstein. Die größte Chance, ziehende Eiderenten zu beobachten, hat der Besucher in der Nähe des Sperrwerks 39 ... und am Deich parallel zu den Eiderdammflächen vom Spätwinter bis ins zeitige Frühjahr.

Orchideenwiese im Nullgebiet

Orchideen unterm Weidengebüsch: Was will der Naturschutz in der Eidermündung?

Die natürliche Vielfalt an der Nordseeküste ist heute ein Besuchermagnet. Was an einem Standort blüht oder krabbelt, ist unter anderem abhängig von der natürlichen Gestalt der Erdoberfläche, vom Einfluss des Salzwassers und dem Klima. In Mitteleuropa hatten früher vermutlich große Pflanzenfresser wie Auerochse, Wisent oder Tarpan, das europäische Wildpferd, einen deutlichen Einfluss auf das Bild einer Landschaft. Ganz entscheidend war und ist zudem der Einfluss des Menschen über die letzten Jahrtausende hinweg. So sind viele der heute bei uns typischen Tier- und Pflanzenarten eigentlich Zuwanderer aus anderen Regionen Europas. Diese Arten wurden zu Kulturfolgern des Menschen. Erst die Schaffung offener Grasländer durch die Rodung der Wälder ermöglichte es Steppentieren wie Hase, Hamster, Weißstorch, Rebhuhn und Feldlerche bei uns auf großer Fläche zu leben. Viele von ihnen gehören heute zu den bedrohten und entsprechend geschützten Arten. Ohne den Einfluss des Menschen wäre die Bundesrepublik weitgehend von Wäldern bedeckt – von Ausnahmen wie Seemarschen, Flussniederungen, Mooren und hohen Bergen einmal abgesehen. Müsste der Naturschutz dann bei uns nicht eher die altgermanischen Buchenwälder mit Wolf, Rothirsch, Eichhörnchen, Amsel und Kolkrabe schützen? Also das, was ohne das Zutun des Menschen bei uns leben würde? Die Antworten auf diesen konservativen Ansatz sind kontrovers und lassen nicht selten außer Acht, dass Zu- und Abwanderungen von Arten immer noch stattfinden – und auch weiterhin stattfinden werden. Heute geschieht dies mehr denn je durch das Zutun des Menschen. Es gibt also nicht den einen erhaltenswerten (Ur-)Zustand in der Natur. Eine Antwort liegt sicher im Erhalt der Vielfalt des Lebens im Sinne des **Eigenrechts der Natur** auf Existenz. Der Mensch steht dabei mittendrin, aber nicht im Mittelpunkt.

ab Seite 103

Ein Aquarell des Lebens

Die praktische Naturschutzarbeit vor Ort orientiert sich daher zunächst an den landschaftstypischen Möglichkeiten. Sie muss für jedes Schutzgebiet fragen: Was will ich hier schützen? Was kann ich hier erhalten und was nicht? Und wichtig: Funktioniert die geschützte Lebensgemeinschaft dann auch? Auf lokaler Ebene können so zwar immer nur wenige Lebensräume erhalten werden, die Vielfalt ergibt sich aber in der Gesamtschau, wenn man großräumig über Regionen hinwegblickt.

An der Eidermündung, wo der Fluss auf die Meeresküste trifft, prägten vor der Eiderabdämmung Mündungswatten, Salzwiesen und Feuchtgrünland mit vielen kleinen Gewässern den Charakter der großräumigen Flusslandschaft. Sie gaben der Landschaft ihren einmaligen Charme. Doch die Realität ist heute eine andere: Der Mensch hat den **Fluss dramatisch verändert** und von dem ursprünglichen Lebensraum sind nur noch stark überformte Relikte erhalten geblieben. Vor allem in den noch heute als Katinger Watt bezeichneten Wattflächen des Eiderästuars (eine unter Einfluss der Gezeiten trichterförmig erweiterte Flussmündung) bestimmte nach der Eindeichung der Mensch und nicht die Natur, wo Wald, Hecken, Gewässer und Felder auf dem trockengelegten Meeresboden angelegt werden sollten. Er bestimmte die Pflanzenarten, die aufgeforstet oder auch gesät wurden. So entstand eine kleinräumige Ansammlung ver-

ab Seite 9

Linke Seite: Weibliche Eiderente

Ohne Einfluss des Meeres – Weidenbüsche statt Wattlandschaft

schiedener Landschaftselemente – eine künstliche „Parklandschaft“. Diese sollte vor allem der Freizeitgestaltung des Menschen dienen.

Die gewaltige, amphibische Landschaft des einst zügellosen Flusses lässt sich heute nur noch in den wenigen ufernahen Grünlandflächen erahnen. Sie bieten den landschaftstypischen Bewohnern einer Flussmündung einen letzten Überlebensraum, wie den vielen Wasser-, Wiesen- und Küstenvögeln. In den wassergeprägten Grasländern am Fluss ließ sich das verbliebene Potenzial der einstigen Landschaft durch Maßnahmen des Naturschutzes bis heute erhalten oder wiederherstellen. Orientiert am Leitbild der ursprünglich vom Meer geprägten Landschaft leitet der Naturschutz seine Entwicklungsziele für die ihm anvertrauten Flächen ab. Aber wie diese umsetzen, ...

... wenn das Meer nicht mehr kommt?

Die ökologischen Folgen der Eiderabdämmung und weiterer Eindeichungen in der Flussmündung waren so tiefgreifend, dass nicht nur viele der sehr seltenen und großflächigen Lebensräume unwiderruflich zerstört wurden, sondern sich auch die Ökologie der verbliebenen Lebensräume drastisch veränderte. So überformte die Eiderabdämmung die einst prägenden Umweltfaktoren wie die Gezeiten und die Dynamik von Fluss und Wattenmeer.

Sturmfluten und tägliche Überschwemmungen gaben den Flussufern ihre Gestalt und schufen Salzwiesen, Brack- und Süßwasserwatten. Eiderdamm und Leitdamm 9 schließen heute diese gestaltenden Kräfte auf den eingedeichten Flächen aus. Aber selbst bei den nicht eingedeichten Flächen am Flussufer bleiben heute die typischen Überschwemmungen aus, denn seit der Fertigstellung des Sperrwerks kann das Nordseewasser bei Flut nun statt über die einst fünf Kilometer breite Mündung nur noch über das 200 Meter breite Sperrwerk in den Fluss dringen. Zusätzlich werden Fluten der Nordsee, deren Wasserstände zwei Meter über Normalnull (NN) liegen, durch Schließen der Wehrtore ganz aus der Eidermündung ausgeschlossen – mit der Folge, dass auch die nicht eingedeichten Vorländer nur noch selten in ihren Randbereichen überschwemmt werden.

Ohne die regelmäßigen Salzbäder wurden die spezialisierten Salzpflanzen rasch durch konkurrenzstarke, von Süßwasser abhängige Arten verdrängt. Der Regen wusch das im Boden verbliebene Salz aus und aus dem von Salzwasser geprägten Lebensraum wurde ein von Süßwasser bestimmter. Pflanzen wie Disteln, Schilf, Flatterbinsen oder Weidenbüsche breiteten sich zunehmend aus. Mit den salztoleranten Pflanzen verschwand auch eine Lebensgemeinschaft angepasster Kleintiere, von denen etwa 700 Arten nur in der Salzwiese existieren können. In dem vom Salzwasser einst natürlicherweise gebüsch- und baumfrei gehaltenen Grasland konnte so ohne den Einfluss des Salzes die Vegetationsentwicklung in Richtung Wald beginnen. Dies ist kein passender Lebensraum für die typischen Bewohner der Eidermündung. Die Brutgebiete vieler Vögel, die in einer offenen Landschaft leben, oder die Nahrungsgebiete der vielen Tausend Gänse wären verloren gegangen, wenn man dieser Entwicklung freien Lauf gelassen hätte.

Seite 44

Der Naturschutz versucht heute, in den verbliebenen naturnahen Gebieten am Fluss die einst amphibische Landschaft zu simulieren. Wassereinstau, Flächenbewirtschaftung und Pflegemaßnahmen übernehmen die einst gestaltende Kraft der Gezeiten, ohne aber jemals die Gestaltungskraft dieser Naturgewalt erreichen zu können. In dem nun (süß)wasserreichen Feuchtgrünland überlebt daher nur ein Teil der ursprünglichen Flora und Fauna. Das Überleben einiger Pflanzen- und Tierarten ist unabdingbar mit der natürlichen Dynamik einer Flussmündung verknüpft, die wir „aus zweiter Hand" auf kleinerem Raum am eingedeichten Fluss nicht wiederherstellen können.

Jedoch finden hier Arten, die anderenorts durch Veränderung der Bewirtschaftungsmethoden in der Landschaft vom Aussterben bedroht sind, eine neue Heimat. So wachsen heute vier **Orchideenarten** auf dem ehemaligen Meeresboden. Aber auch die buntblühenden Orchideenwiesen könnten sich ohne die naturschonende Pflege des Grünlandes nur für kurze Zeit im Katinger Watt halten. Nach wenigen Jahren würden sie von Schilf und Weidengebüsch verdrängt werden. Das Flächenmanagement ist unter den vom Menschen dramatisch veränderten Rahmenbedingungen eine komplizierte Aufgabe, denn ein weiterer, ganz entscheidender Aspekt ist zu beachten: Die Naturlebensräume liegen oft vereinzelt und isoliert in der Landschaft. Damit auch nicht flugfähige Tiere und Pflanzen zwischen den „verschiedenen Welten" wandern können – sei es im Rhythmus der Tide, im Rhythmus von Tag und Nacht oder im Rhythmus der Jahreszeiten – müssen die Lebensräume miteinander verbunden werden. Wir sprechen von einem **Biotopverbundsystem**. Die verschiedenen Lebensräume am Fluss sind dabei weniger mit den bunten Steinchen eines fest liegenden Mosaiks vergleichbar, sondern vielmehr mit den Farben eines Aquarells, die ineinanderfließen. Dieses Ineinanderfließen der verschiedenen Welten verhindern heute u. a. Deiche, Dämme und Straßen im Katinger Watt.

ab Seite 85

Seite 36 - 38

Brütender Austernfischer

Männlicher Kiebitz bei der Nahrungssuche

DIE SCHUTZGEBIETE IN DER EIDERMÜNDUNG
Grünes Band am Fluss
1 Vogelschutzgebiet „Ehemaliges Katinger Watt“ mit Naturinformationsareal, Eiderdammflächen, Katinger Priel und randlicher Waldfläche
2 Naturschutzgebiet „Grüne Insel mit Eiderwatt“
3 Naturschutzgebiet „Dithmarscher Eidervorland mit Watt“
4 Naturschutzgebiet „Oldensworter Vorland“
Nationalpark Wattenmeer
Husum
B5
B 202
St. Peter-Ording
Bhf
Tönning
Bhf
Kating
B5
Heide
Hamburg
Eider
Eidersperrwerk
Schülper-
neuensiel
L 305
Heide
Schutzgebiete in der Eidermündung
Schutzgebietsgrenze
Temporäre Gewässer
Süß-/Brackwasser
Wattenmeer
Baum, Busch, Wald
Acker
Weide
Deich
NABU Naturzentrum Katinger Watt
NationalparkZentrum Multimar Wattforum
N
0
500
1000 Meter

OLDENSWORTER VORLAND

Teichfrosch trifft Küstenseeschwalbe

Das Oldensworter Vorland erstreckt sich über etwa vier Kilometer Länge und bis zu 800 Meter Breite am nördlichen, nordfriesischen Ufer der Eider östlich von Tönning. Es liegt somit weiter stromaufwärts und weiter von der Küste entfernt als die anderen in diesem Naturführer vorgestellten Gebiete an der Flussmündung. Das Wattenmeer ist mehr als zehn Kilometer entfernt und hat heute, nach dem Bau des Sperrwerks, nur noch einen geringen Einfluss auf die Lebensgemeinschaften des Schutzgebietes. Rinder auf feuchten Marschweiden, rufende Moor- und Teichfrösche, balzende Bekassinen und jagende Libellen erinnern mehr an die stromaufwärts gelegene Niedermoorlandschaft der **Eider-Treene-Sorge-Niederung**.

Seite 9

Ringtränken, Hoch- und Niederterrassen

Das Oldensworter Vorland wurde von den natürlichen Sedimentablagerungen von Fluss und Meer aufgebaut, auf denen sich zunächst eine Salzwiese ansiedelte. Die heutige Geländestruktur und das Verschwinden der ursprünglichen Vegetation sind jedoch eine Folge der wasserbaulichen Eingriffe in der Obereider und des Baus des Sperrwerks bei Nordfeld sowie der Eiderabdämmung. So blieben die regelmäßigen Überschwemmungen aus und eine Entwässerung ermöglichte eine intensivere landwirtschaftliche Nutzung. Mit der Ausweisung des Vorlandes zum Schutzgebiet wurde die Wiederherstellung eines Feuchtgrünlandes und eine naturschonende Nutzung des Grünlandes eingeleitet.

Die geomorphologischen Auswirkungen der verschiedenen wasserbaulichen Eingriffe lassen sich noch heute an der Geländestruktur des Vorlandes erkennen. So entscheidet die Geländestruktur über die Lage der Oberflächengewässer und die Möglichkeiten zur Wiedervernässung durch Wassereinstau. Die wasserbaulichen Eingriffe früherer Jahre prägen damit auch heute noch die Verbreitung der Pflanzen- und Tierarten im Vorland. Wird das Vorland gedanklich quer durchgeschnitten, so sind mehrere charakteristische Höhenstufen im Gelände zu erkennen. Diese ziehen sich parallel zum Fluss über die gesamte Länge des Vorlandes.

Feuchtgrünland mit Ringtränke im Oldensworter Vorland

Küstenseeschwalbe

Direkt am Deichfuß liegt zunächst der „18-Ruten-Streifen", eine im Zuge des Deichbaus umgestaltete Grünlandfläche, die vom übrigen Vorland durch einen Plattenweg und einen angestauten Graben getrennt ist. Das Wasserregime in diesem deichnahen Bereich wird über einen Bohlenstau 12 getrennt von den anderen Flächen des Schutzgebietes gesteuert.

In Richtung Fluss schließt das ältere, hohe Vorland an (145 ha). Vor dem Bau des Eidersperrwerks wurde auch diese „Hochterrasse" bei hohen Fluten mit Salz- oder Brackwasser überschwemmt. An den einstigen Salzwassereinfluss und die allgegenwärtige Überflutungsgefahr erinnern heute noch kulturhistorische Denkmäler, die sogenannten Ringtränken 33. Das sind künstlich aufgeschüttete Hügel aus Kleiboden mit einem zentralen Wasserbecken. Sie wurden bereits um 1500 erbaut, um das Trinkwasser (Regenwasser) der Weidetiere auch bei Sturmflut vor dem Salzwasser der Nordsee zu schützen.

Viele der heutigen Bewohner des Schutzgebietes sind Arten des nassen Grünlandes und der flachen, sonnendurchfluteten Gewässer. Durch Abdichten der Entwässerungsgräben, die nach dem Bau des Sperrwerks angelegt wurden, gelang es, auf der Hochterrasse Flachgewässer von bis zu 40 Hektar Größe (= 17 % der Landfläche) anzustauen. Diese sind überwiegend temporär, d. h. in regenarmen Sommern trocknen sie vollständig aus. Vom Plattenweg aus betrachtet entsteht der Eindruck, als sei das Vorland im Winterhalbjahr weitgehend überschwemmt. Dieser Eindruck täuscht, da sich der Wirtschaftsweg im tiefsten Teil der Hochterrasse befindet. In Richtung Eider steigt das Relief langsam wieder an, um an einer flussnahen Abbruchkante abrupt 50 bis 100 Zentimeter zur „Niederterrasse" abzufallen. Der flussnahe, hohe Vorlandrücken und das leicht erhöhte deichnahe Gelände umschließen somit die tieferen Geländeanteile wie eine Wanne, in der sich das Regenwasser sammelt. Diese tieferen Geländeteile liegen überwiegend auf einer Geländehöhe von NN +2,10 bis 2,50 m, während der flussnahe Vorlandrücken der Hochterrasse NN +2,80 bis 3,00 m erreicht.

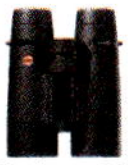

Seite 25

Seite 25

Nach dem Bau des weiter stromaufwärts gelegenen Sperrwerks bei Nordfeld (1936) verringerte sich der Wasserabfluss in der Eider abermals und **die Untereider versandete**. Es bildete sich vor der Hochterrasse ein neues, tiefer liegendes Vorland

Seite 10–13

Im Winter werden große Teile des Vorlandes mit Regenwasser überstaut.

(ca. 54 ha). Diese „Niederterrasse" erreicht Geländehöhen von nur +1,50 bis 1,80 m über NN, sodass sie auch heute noch bei hohen Wasserständen überflutet wird. Noch 1964 bestand die heutige Niederterrasse überwiegend aus vegetationsfreien Wattflächen. Wenige Jahre später wuchsen hier bereits typische Pflanzen der Salzwiese. Die Terrasse erhöhte sich durch Anschwemmungen bis heute so weit, dass an vielen Stellen eine sommerliche Beweidung möglich ist. Salztolerante Pflanzen wie Strand-Aster und Andel sind heute nur noch selten zu finden. Verbreitet aufkommende Röhrichte von Strandsimse und Schilf weisen dagegen auf eine Verschiebung der Salzwassergrenze im Unterlauf des Flusses nach dem Bau des Eidersperrwerks hin.

Naturschonende Beweidung mit Rindern und Schafen

ab Seite 64

Heute prägt das satte Grün feuchter Marschweiden das Landschaftsbild des Schutzgebietes, wie es über Jahrhunderte typisch für viele küstennahe Marschen im Westen Schleswig-Holsteins war. Dem aufmerksamen Besucher fallen sofort **Unterschiede zur Agrarlandschaft** der Umgebung auf: Es leben viel mehr Wildtiere im Oldensworter Vorland, es ist deutlich nasser und die Vegetation ist vielfältiger und strukturreicher als auf den nahen Weiden Eiderstedts. Nur die Überschwemmungen und die sumpfigen Flachgewässer ermöglichen diese Vielfalt des Lebens. Dabei ging die Entwicklung des Gebietes nach der Eiderabdämmung zunächst in eine andere Richtung: Das Gebiet konnte fortan landwirtschaftlich intensiv genutzt werden, da die Überflutungen ausblieben und Regenwasser durch ein dichtes Netz von Entwässerungsgräben schnell aus dem Vorland abgeleitet wurde. Diese uneingeschränkte landwirtschaftliche Nutzung hatte zur Folge, dass bis Ende der 1980er-Jahre diejenigen Pflanzenarten verdrängt worden waren, die an salzige, feuchte oder nährstoffarme Standorte angepasst sind. Auf dem jetzt nährstoffreichen, monotonen Grünland breiteten sich Gemeiner Löwenzahn und Deutsches Weidelgras aus. Mit dem Anstau von Flachgewässern ab 1989 und der Einführung einer naturschonenden Beweidung und Mahd wurde diese Entwicklung wieder rückgängig gemacht zugunsten der natürlichen Vielfalt. Das Oldensworter Vorland wurde 1993 unter Schutz gestellt (Größe: 260 ha). Wer heute das Gebiet besucht, wird kleine Herden von Rindern – überwiegend sind es Färsen oder Mutterkühe mit ihren Kälbern – auf den Weiden sehen. Von dieser naturnahen Bewirtschaftung profitieren viele wildlebende Tier- und Pflanzenarten. Der Verbiss der Weidetiere erhält eine offene Graslandschaft und so auch den Lebensraum vieler Tausend rastender Zugvögel und Wintergäste, aber auch den der über 800 Vogelbrutpaare. Ewas Besonderes sind dabei die Seeschwalben. Neben der Fluss- und der **Küstenseeschwalbe** findet sich gelegentlich auch die Trauerseeschwalbe zur Brutzeit hier ein. Während bei den beiden weißen Seeschwalben ihr Name Programm ist, bevorzugt die schwarz gefärbte Trauerseeschwalbe binnenländische Brutgebiete. Zu den Schätzen des Schutzgebietes zählt auch der Kampfläufer, der hier eines seiner letzten Brutgebiete in Deutschland hat.

Seite 95

In den Gräben des Oldensworter Vorlandes entwickelt sich die Krebsschere, (siehe 37 rechts)

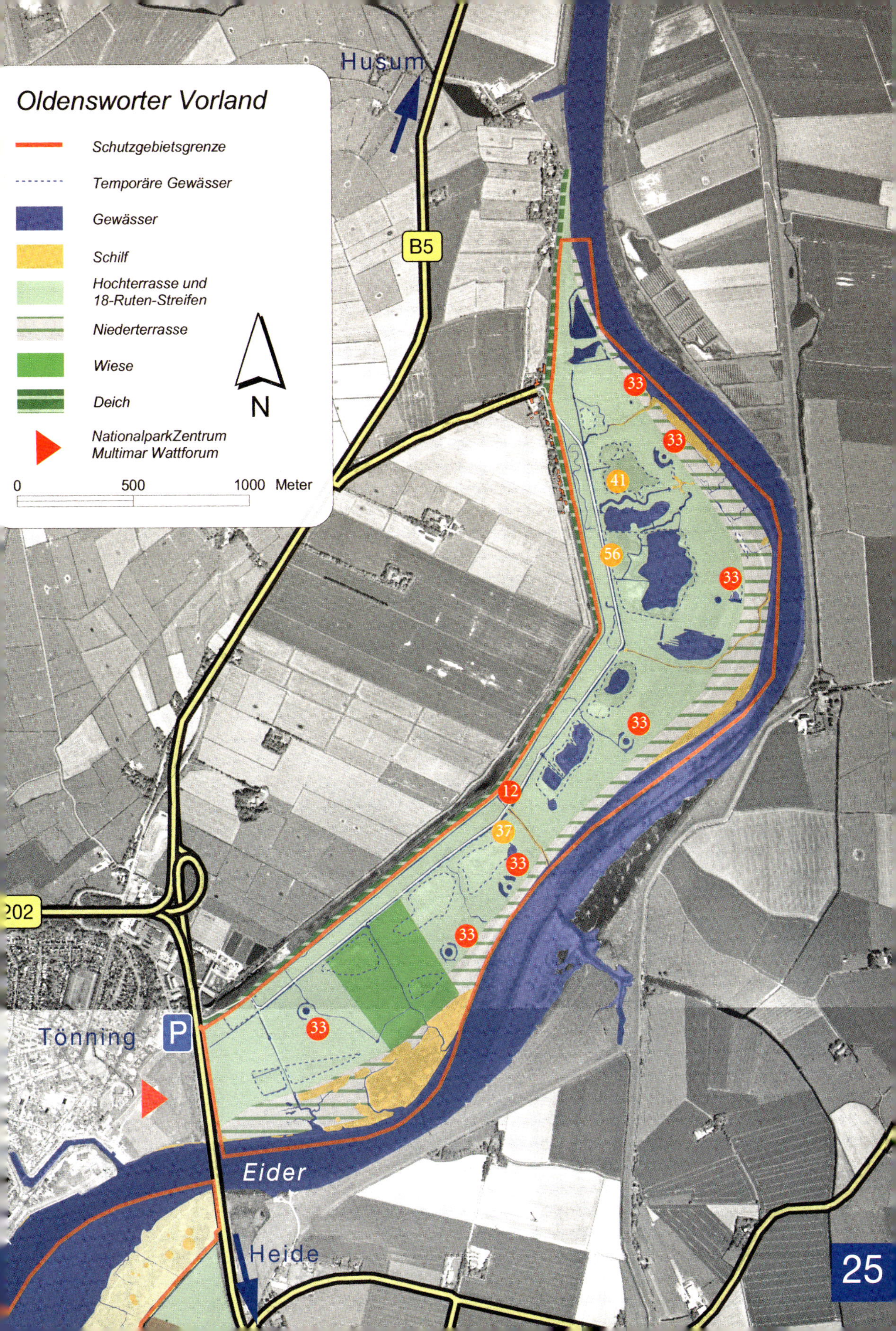

Oldensworter Vorland
Schutzgebietsgrenze
Temporäre Gewässer
Gewässer
Schilf
Hochterrasse und
18-Ruten-Streifen
Niederterrasse
Wiese
Deich
NationalparkZentrum
Multimar Wattforum
N
0
500
1000 Meter
Husum
B5
202
Tönning
P
Eider
Heide
33
41
56
12
37

Seeschwalben im Binnenland

Die seltenen Trauerseeschwalben sind alljährlich im April und Mai auf dem Zug an der Eider oder über dem Katinger Priel 42 zu beobachten. Sie kommen von den tropischen Küsten Afrikas, um die Brutgebiete in Mitteleuropa aufzusuchen. Im Bereich der Eidermündung brütet die Art im Schutzgebiet „Oldensworter Vorland" unregelmäßig mit wenigen Paaren. Ihr Hauptverbreitungsgebiet in Schleswig-Holstein ist heute Eiderstedt, wo sie in wenigen Tränkekuhlen auf ausgelegten Nistflößen ihre Nester anlegt.

Bis in die Mitte des letzten Jahrhunderts war die Art ein verbreiteter Brutvogel im nördlichsten Bundesland (1945: 1 600 Paare). Noch 1969 brüteten allein auf Eiderstedt 800 Paare, ohne dass künstliche Nisthilfen notwendig waren – 1984 war der Bestand auf nur noch 16 Paare gesunken. Dieser dramatische Bestandseinbruch ging einher mit der Vernichtung der Brutlebensräume durch eine Intensivierung der Landwirtschaft auf der Halbinsel. Seit 1989 werden als Artenschutzmaßnahme Brutflöße mit Unterstützung des NABU ausgelegt und der Bestand konnte bis 2001 wieder auf 66 Paare anwachsen. Mit der weitergehenden Intensivierung in der Landwirtschaft in den letzten Jahren sank der Bestand 2007 erneut auf 36 Paare.

Früher brütete die Trauerseeschwalbe in der Marsch auf verlandeten Tränkekuhlen und in Gräben mit dichten Beständen der Krebsschere (Foto: S. 24). Die Vegetation im Gewässer ist notwendig, um das schwimmende Nest zu verankern. Zudem sind die Vögel auf offene Gewässer (ohne Schilfröhricht) mit reichen Vorkommen von Insekten, Kaulquappen und Kleinfischen angewiesen, die sie nach Art der Seeschwalben im Flug erbeuten. Sowohl die Tränkekuhlen als auch angestaute Wiesengräben waren früher auf Eiderstedt landschaftsprägend. Noch bis Anfang der 1970er-Jahre wurden hier überwiegend Ochsen auf den Weiden gemästet. Die ruhigen Tiere konnten ohne Zäune, nur durch wassergefüllte Gräben getrennt, gehalten werden. Ihr Verbiss an den Grabenrändern verhinderte ein Zuwachsen der Gewässer mit Schilf.

Seite 44

Heute werden auf den Weiden in der Regel die schneller wachsenden, aber aggressiveren Bullen gemästet, deren Haltung eine Einzäunung der Gräben an den Flächenrändern erfordert. Als Folge verschilfen die Gräben zunehmend, Brut- und Nahrungsräume für die Trauerseeschwalbe gehen so verloren. Außerdem können die Bullen zum Trinken nur noch die Tränkekuhlen nutzen, wo sich heute die allermeisten Gelege befinden. Gelege am Rand der Tränken werden von den massigen Tieren zertreten. So bleiben der Trauerseeschwalbe in den meisten Fällen nur noch die in der Mitte der Tränkekuhlen ausgelegten Nistflöße als Brutplatz.

Hinzu kommt, dass für die Seeschwalben die Nahrungssuche in den Schilfgräben nicht mehr möglich ist. Es bleibt ihnen nur noch die mühselige Suche nach Insekten auf den Gräserblüten, anstatt nahrhaftere Kleinfische aus den Gräben erbeuten zu können. Da aber auch die Mähzeitpunkte immer früher liegen (vor der Blütezeit), versiegt auch diese Nahrungsquelle mehr und mehr.

Doch die Zerstörung der Lebensräume ging noch weiter: Mit der Umstellung der Weidemast von Ochsen auf Bullen und der Umstellung der Weidemast auf Stallhaltung, mit der Intensivierung der Grünlandnutzung und einem rasant zunehmenden Umbruch des Grünlandes (Anbau von Futter- und Energiemais, Wintergetreide und -raps) wurde der Wasserstand großräumig abgesenkt. Die Gräben dienen heute vor allem der Entwässerung des Ackerlandes. Regelmäßig wird der Wasserstand im Sommer soweit abgesenkt, dass diese Gewässer völlig trocken fallen. Die Lebensgemeinschaft der Wassergräben wurde und wird so getötet. Die Trauerseeschwalbe ist eines der prominenten Opfer.

Karneval auf der Wiese

Kampfläufer gehören zu den Watvögeln, die ein strukturreiches Grünland aus staunassen Niederungswiesen mit Grasbulten, aber auch mit trockeneren Bereichen zur Anlage des versteckten Nestes und als Balzarena benötigen 41. Die Art war noch vor Jahrzehnten eine Charakterart Eiderstedts, von wo sie mit der **Intensivierung der Landwirtschaft** rasch verdrängt wurde. Heute sind die wenigen verbliebenen Brutplätze in Schleswig-Holstein nicht mehr alljährlich mit maximal 30 Brutweibchen besetzt. Noch in den Jahren 2001 bis 2003 hielten sich bis zu zehn Weibchen im Oldensworter Vorland auf. In den Folgejahren wurden keine brutverdächtigen Kampfläufer mehr in der Eidermündung beobachtet. Die Art stirbt als Brutvogel bundesweit aus.

Seite 25

ab Seite 64

In manchen Jahren machen die Zugvögel bei uns nur kurz Zwischenstation auf dem Weg in die nordosteuropäischen Brutgebiete, ohne aber für eine Brut zu bleiben. Kampfläufer zeigen ein für Watvögel einmalig kompliziertes Balzverhalten: Die Männchen treffen sich im Mai zur farbenprächtigen Gruppenbalz in oft über Jahre genutzten Balzarenen. Sie tragen dann ein buntes, individuell gefärbtes Prachtgefieder. In der Mitte der Arenen balzen die stärksten, territorialen Hähne (oft haben sie eine dunkle, schwarze Halskrause). Diese sind deutlich vom Verhalten der sogenannten „Satelliten-Männchen“ zu unterscheiden, die kein Territorium besetzen und mehrere Balzarenen besuchen. Sie warten am Rande der Balzplätze auf fortpflanzungsbereite Weibchen, ohne sich an der aggressiven Werbung zu beteiligen. „Satelliten-Männchen“ haben oft hellere, weiße Halskrausen. Beide Strategien zur Fortpflanzung sind erfolgreich. Damit aber nicht genug: Neue Beobachtungen lassen vermuten, dass es in seltenen Fällen auch Männchen gibt, die in Körpergröße und Gefiederfärbung einem Weibchen ähnlich sind und so getarnt ihr Glück versuchen.

Nahrung suchende Nonnengänse

Nur noch Spuren im Flusswatt ...

Der Name des Schutzgebietes „Grüne Insel mit Eiderwatt" führt auf eine falsche Fährte. Wer heute in der Eidermündung eine **grüne Insel** sucht, wird lediglich ein weites, gegrüpptes Marschland am Fluss zwischen dem Ort Olversum und der Kreisstraße 41 vorfinden. Viele Besucher besteigen für einen ersten Überblick den Aussichtsturm Kiek ut 18 in der Nähe – und befinden sich damit mitten auf der ehemaligen „Grünen Insel". Das Kleinod verlor durch die Eiderabdämmung zu Beginn der 1970er-Jahre seine Insellage. Heute sind die einstigen Salzwiesen der „Grünen Insel" in Teilen zu Acker- und Forstflächen umgewandelt. Ein weiterer Flächenanteil, in dem sich die Salzwiese unter den neuen Bedingungen zu Feuchtgrünland entwickelte, wurde unter Schutz gestellt. Von der „Grünen Insel" blieb nur der Name und die Erinnerung.

Seite 14

Seite 30

Geburt einer Insel

Bei Erich Wohlenberg (1931)* finden wir die Beschreibung der zwar schon durch Deiche gezähmten, aber noch immer eindrucksvollen Flussmündung der Eider: „Innerhalb der einfassenden Deiche mäandriert die Eider während ihres ganzen Laufes fast bis an das Meer. Sie erreicht dieses in einer breiten Rinne, die bei Hochwasser vollständig aufgefüllt wird, derart, dass die Wasseroberfläche einheitlich von Deich zu Deich reicht. Nach Eintritt der Ebbe verändert sich das Landschaftsbild vollkommen. Der Ebbstrom schafft das von der Flut aus der offenen Nordsee heraufgeschaffte Wasser wieder in die See zurück. Der Wasserspiegel im Mündungstrichter hat sich nunmehr um mehr als zweieinhalb Meter gegenüber dem Hochwasserspiegel gesenkt, und das Ästuar wird jetzt bei Niedrigwasser von zahlreichen, stetig sich verändernden Sänden und Platen unregelmäßig gegliedert."

Seit dem 14. Jahrhundert verändert der Mensch das Wasserregime der Eider. Deichbauten, Abdämmungen ihrer Zuflüsse im Oberlauf, Bau von Schleusen und Kanälen und später sogar von Sperrwerken führten zu einer stetigen Verringerung der Menge des zum Meer strebenden Flusswassers. Infolgedessen sank die Fließgeschwindigkeit und mit ihr die Räumkraft des abfließenden Wassers, sodass sich in der Mündung **verstärkt Sedimente absetzten**.

Seite 13

Zwischen 1784 und 1845 verlagerte sich als Folge dieser Sedimentationen die Hauptfließrinne der Eider gen Dithmarscher Ufer und am nordfriesischen Ufer vor Olversum entstand ein strömungsarmer Bereich, in dem sich nun verstärkt Sedimente ablagerten. Etwa um 1900 war einer der Sände so hoch aufgewachsen, dass nicht jede Flut über ihn hinweg ging und sich erste salztolerante Pflanzen ansiedeln konnten, die zusätzlich Schwebstoffe aus dem Flutwasser festhielten und zum weiteren Aufwachsen beitrugen. Mit dem Aufwachsen eines Andelrasens siedelten sich auch erste Brutvögel an – wohl überwiegend Silbermöwen und wenige Stockenten. Das „Land" begrünte sich weiter, wuchs unter dem Einfluss der Gezeiten immer höher auf und wurde schnell zu einem weidefähigen Land – eine Insel war geboren. Der Name der Insel bezieht sich auf diese Zeit, in der das höhere, grüne Land erstmalig mit Schafen und Hausgänsen beweidet wurde. Zeitgleich begann der **Lahnungsbau zur Vorlandgewinnung** vor dem Deich von Olversum und Kating in Richtung Insel.

Seite 33, 42

** Wohlenberg, E. (1931): Die Grüne Insel in der Eidermündung. Eine entwicklungsphysiologische Untersuchung. Archiv der Deutschen Seewarte, Bd. 50/Nr. 2.*

Tönning
Kating
Olversum
Ackerflächen
K41
50
Olversumer Vorland
51
Norderlochgraben
45
Grüne Insel
18
45
Bruchwald
55
57
55
Katinger Wald
35
38
NSG „Grüne Insel mit Eiderwatt"
Waldsee
Nullgebiet
56
46
9
35
Eider
Grüne Insel
Schutzgebietsgrenze
Baum, Busch, Wald
Temporäre Gewässer
Deich
Gewässer
Acker
Schilf
Sukzession
Weide
Salzwiese
Wiese
0
500
1000 Meter
N

Feuchtgrünland im Vorland „Grüne Insel“

Tod einer Insel

Im Jahr 1911 wurde erstmals ein Damm zwischen Deichvorland und Insel gebaut, der aber wieder verloren ging. Gleichzeitig wurde in dieser Zeit die Weidenutzung verstärkt. Es entstand eine kurzrasige Salzwiese, sodass die Großmöwenkolonie verschwand und sich Vogelarten ansiedelten, die für die Anlage von Gelegen kaum Deckung benötigen, wie Säbelschnäbler, Kiebitze sowie Fluss- und Küstenseeschwalben. Der Säbelschnäbler war zur damaligen Zeit von so großer Seltenheit im Wattenmeer, dass die „Grüne Insel“ nach Fürsprechen des Vereins Jordsand 1927 unter Schutz gestellt wurde. Nach den alten Berichten der Vogelwarte wies die „Grüne Insel“ in den Jahren 1934 bis 1938 zeitweise über 850 Vogelbrutpaare in zehn Arten auf, darunter bis über 700 Paare Fluss- und Küstenseeschwalben und die heute in Deutschland als Brutvögel nahezu ausgestorbenen Alpenstrandläufer und Kampfläufer.

Das Vogelparadies war jedoch nur von kurzer Dauer. Dies hatte vermutlich mehrere Gründe: 1928 wurde ein dauerhafter und befahrbarer Damm von Olversum zur inzwischen etwa 45 Hektar großen „Grünen Insel“ gebaut. Die Weidenutzung konnte so noch weiter intensiviert werden. Bei höheren Wasserständen zur Brutzeit drängten sich die Weidetiere auf den wenigen höher gelegenen Flächen zusammen und zertraten die Gelege der Küstenvögel. Viele der (Säbelschnäbler-)Gelege im tiefer gelegenen Andelrasen wurden hingegen bei solchen Sommerhochwassern fortgeschwemmt. Über den Damm gelangten vermutlich auch Säugetiere wie der Fuchs trockenen Fußes auf die Insel und die Brutverluste erhöhten sich weiter. Die Säbelschnäbler verlagerten schließlich ihr Hauptbrutgebiet in das höher aufgewachsene Dithmarscher Eidervorland am gegenüberliegenden Flussufer. Als der Brutbestand dieser Leitart 1939 auf ein bis zwei Paare sank, gab der Verein Jordsand die Betreuung der „Grünen Insel“ auf. Auch heute beobachten wir das Phänomen der regelmäßigen Verlagerung von **Brutkolonien der Küstenvögel** innerhalb der Eidermündung oder im Wattenmeer – immer auf der Suche nach dem optimalen Brutplatz. Hier zeigt sich, wie wichtig das Vorhandensein von großräumigen und vernetzten Lebensräumen für den Weiterbestand einer Art ist.

In den Kriegsjahren brachen die Brutvogelbestände auf der Insel zusammen. War es der zusätzliche Bau eines Ringdeiches im Jahr 1937, der zwar das Weidevieh vor Sommerhochwassern schützte, der aber die Lebensräume der Küstenvögel zerstörte? Oder reagierten die Vögel auf das intensive Absammeln der Eier durch die lokale Bevölkerung? Vieles bleibt heute im Dunkeln. Heinrich Schulz (1947)* schrieb zum Vorkommen der Seeschwalben in dieser Zeit: „Durch die großen Eierdiebstähle der Nachkriegsjahre haben sie (die Seeschwalben) sich wieder verzogen, wie überhaupt die Grüne Insel zur Zeit keinen erfreulichen Eindruck macht.“

Im Zuge der **Eiderabdämmung** wurde vom Sperrwerk bis zur „Grünen Insel“ ein etwa sechs Kilometer langer Leitdamm (9) gebaut, der die Hälfte der Eidermündung trocken legte. Die Insel und große Teile der Mündungswatten wurden dem Gezeiteneinfluss entzogen.

ab Seite 9

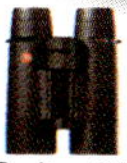

Seite 30

Seite 93

* *Schulz, H. (1947): Die Welt der Seevögel. Führer durch die Vogelbrutstätten der deutschen Küste. Druck und Verlag Anton Lettenbauer, Hamburg.*

Wiesenpieper mit Futter für den Nachwuchs

Die Küsten- und Wiesenvögel kehren zurück

Heute erinnert lediglich das weiträumige Feuchtgrünland zwischen Olversum und dem Kiek ut (ca. 220 ha) mit den vorgelagerten Flusswatten landschaftlich und ökologisch weit entfernt an die ehemalige „Grüne Insel" und die Deichvorländer vor Olversum und Kating. Feuchtgrünland und Flusswatten, zusammen 1 000 Hektar, wurden 1989 unter Schutz gestellt. Da aber das Sperrwerk regelmäßige Überflutungen des Vorlandes mit Brack- und Salzwasser verhindert, fehlen wesentliche Umweltbedingungen, die einst das Leben auf der ehemaligen Insel und im Vorland prägten. So sind viele der salztoleranten Kleintiere und Pflanzen heute verschwunden oder nur noch in sehr kleinen Restbeständen vorhanden. Lediglich die schmale Abbruchkante des Vorlandes im Übergang zum Flusswatt und tiefere Gräben unterliegen noch dem Einfluss der Gezeiten, sodass sich hier Pflanzen der Salzwiese halten konnten, u. a. Andel, Rotschwingel, Queller, Strand-Milchkraut, Salz-Schuppenmiere, Englisches Schlickgras und Erdbeer-Klee. Trotz aller Veränderungen können die Flächen der einstigen „Grünen Insel" Teilfunktionen eines Vorlandes am Fluss erfüllen, sodass wir sie heute gemeinsam als Eidervorland bezeichnen.

Seite 30

Auf kleiner Fläche am südwestlichen Ende der „Grünen Insel" 38 zwischen Leitdamm und Uferkante der ehemaligen Insel wiederholt sich die Geschichte. Dort bildet sich derzeit eine Salzwiese neu und zieht sich als schmales Band aus Schlickgras, Strand-Aster, Strandsimse, Andel, Schlickwatt- und

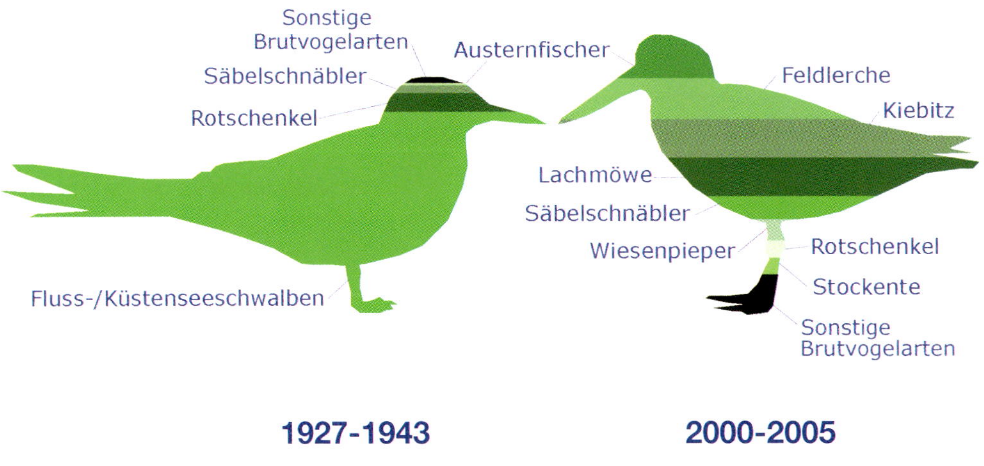

Abb. 5: Anteile einzelner Arten an der Brutvogelgemeinschaft der „Grünen Insel" in den Zeiträumen 1927 bis 1943 und 2000 bis 2005 (ganzer Vogel 100 %)

Blühender Salz-Wasserhahnenfuß im Vorland „Grüne Insel"

Kurzähren-Queller, Strand-Melde, Strand-Salzmelde, Spieß-Melde, Flügel-Schuppenmiere, Strandsode, Strand-Dreizack und weiteren Salzpflanzenarten entlang des Leitdammes in Richtung Eidersperrwerk. In den Ritzen der Steinpflasterung am Dammfuß kann man auf engstem Raum die Pflanzen der unteren und der oberen Salzwiese betrachten. Entsprechend ihrer Wuchshöhe in Bezug auf das Mittlere Tidenhochwasser sind in den Fugen Strand-Beifuß, Dünen-Quecke, Rotschwingel, Strand-Milchkraut, Salzmiere, Salz-Binse, Strandflieder und Strand-Wegerich angeordnet.

Wie typisch für die von Menschen bearbeiteten Salzwiesen und Marschenländer war auch die „Grüne Insel" gegrüppt worden. Das regelmäßig angelegte System aus rechteckigen Landgewinnungsfeldern mit großen Gräben (= Hauptentwässerungsgräben) und kleinen Entwässerungsgräben (= Grüppen) sollte in der Zeit der regelmäßigen Überflutungen den Wasserabfluss beschleunigen. Auch sollte so durch die „Veränderung des kleinen Wasserhaushaltes" innerhalb der Salzwiese das Aufwachsen des Landes gefördert werden. Als kleiner Wasserhaushalt wird das Wasser in den künstlich erhöhten Landstreifen (= Beete) und den Grüppen bezeichnet. Dieses Prinzip findet noch heute im Lahnungsbau zur Landgewinnung vor den Deichen Anwendung.

Aufgrund des Fehlens des Gezeiteneinflusses und damit auch der regelmäßigen Überstauung weiter Flächen kehrte der Naturschutz den Prozess um und dämmte die Entwässerungsgräben ab. Wo einst die Flut die Gräben mit Wasser füllte und eine amphibische Landschaft schuf, stauen wir heute das Regenwasser ein und schaffen wiederum eine gewässerreiche Landschaft.

Zusätzlich zum Wasseranstau in den Gräben und Senken verhindert eine naturschonende Schafbeweidung die Vegetationsentwicklung in Richtung Busch- und Waldlandschaft. Die ursprüngliche Salzwiese ging zwar durch die Eiderabdämmung verloren, ein völliges Abwandern vieler landschaftstypischer Tierarten kann so aber durch den Erhalt der ehemaligen Salzwiese als Feuchtgrünland unterbunden werden.

So prägen heute feuchte bis nasse Grünlandbereiche mit Süßgräsern das Landschaftsbild: Deutsches Weidelgras, Weiche Trespe, Wolliges Honiggras, Knick-Fuchsschwanz und Weißes Straußgras, aber auch Kröten- und Glieder-Binse. **Angestaute, flache Tümpel und Grüppen** sind ein kleiner Ersatz für die ehemaligen Überschwemmungen und Gezeitengewässer. Zu den botanischen Besonderheiten zählen in den Staugewässern einige Wasserpflanzen wie z. B. der Salz-Wasserhahnenfuß. Und immer wieder tauchen Relikte aus Zeiten der Salzwiese auf wie das Strand-Tausendgüldenkraut, das Strand-Milchkraut, die Salz-Binse und die Salz-Schuppenmiere.

ab Seite 72

Die nasse, kurzgrasige Ebene wird im Winterhalbjahr vor allem von grasfressenden Nonnengänsen und Pfeifenten aufgesucht. Im Frühjahr wird sie zum Brutgebiet für typische Küsten-, Wiesen- und Wasservögel. Vor allem Austernfischer, Säbelschnäbler, Kiebitz und Rotschenkel, Stockente, Lachmöwe, Feldlerche und Wiesenpieper stellen heute große Anteile der Brutvogelwelt (siehe Abb. links).

Kleiner Klee ganz groß

Der Erdbeer-Klee ist eine unscheinbare, niederliegende Pflanze der brackigen Küstensalzwiesen, die nur gelegentlich vom Meerwasser überspült werden. Auch im Brackwasserbereich der großen Flüsse Schleswig-Holsteins findet er sein Auskommen. Kurios ist, dass er selbst an „gut gesalzenen" Autobahnrändern zu finden ist – wie übrigens auch andere typische Küstenpflanzen. Der Erdbeer-Klee ist hart im Nehmen: Er toleriert wechselnde Bodenfeuchte, Beweidung und Viehtritt. Unter solch extremen Bedingungen ist er selbst im Vergleich zu den schnellwüchsigen Gräsern konkurrenzfähig, die ihn sonst rasch überwuchern würden. Er kann mit seinen kriechenden Sprossen dichte Teppiche in Bodennähe bilden. Will er etwas höher hinaus, dann stützt er sich mit seinen dünnen Blattstielen an den Gräsern ab und kann so Höhen bis max. 20 Zentimeter erreichen.

Ihren Namen verdankt die Pflanze der Form der Fruchtstände. Nach Blüte (Juni bis September) und Bestäubung wächst der Blütenkelch zu einer kleinen Blase heran. Die etwa 50 Kelche jedes Blütenköpfchens ergeben dann gemeinsam eine etwa 1,5 Zentimeter große rotbraune Kugel, die an eine Erdbeere oder Himbeere erinnert und den Klee unverwechselbar macht. Dieser blasige, leichte Fruchtstand erleichtert die Ausbreitung mit Hilfe von Wasser oder Wind. In der Eidermündung besiedelt der Erdbeer-Klee das Feuchtgrünland am Fluss.

Eleganz auf blauen Stelzfüßen

Wer im Mai oder Juni die Vogelwelt im Schutzgebiet „Grüne Insel“ beobachtet, wird große Brutkolonien eines auffällig schwarz-weißen Watvogels, des Säbelschnäblers, vorfinden 45. Mit seinen extrem langen, hellblau gefärbten Füßen und dem dünnen, nach oben gebogenen Schnabel (Name!) ist dieser außergewöhnliche und zugleich elegante Vogel mit keiner anderen Art zu verwechseln. Säbelschnäbler sind in den Schutzgebieten der Eidermündung weit verbreitet und waren hier im Jahr 2005 mit über 800 Brutpaaren eine der häufigsten Brutvogelarten – neben der Lachmöwe. Beide Arten brüten gesellig in großen **Kolonien an den Flachgewässern im Feuchtgrünland**.

Seite 30

ab Seite 93

Säbelschnäbler sind Zugvögel, die den Winter an der Atlantikküste zwischen der Bretagne und dem westafrikanischen Senegal verbringen. In milden Wintern versuchen einzelne Vögel an der Eidermündung zu überwintern. In der Regel erscheinen die Brutvögel ab Mitte März in den küstennahen Brutgebieten. Die Vögel nisten in Nähe von seichtem Wasser – entweder am Süßwasser wie auf der „Grünen Insel“, im Dithmarscher oder im Oldensworter Vorland oder in den Salzwiesen des Wattenmeeres. In der Nähe von günstigen Nahrungsquellen sind kleinere Kolonien sogar auf Ackerflächen (Kartoffel-, Mais-, Rübenäcker) zu finden. Dies ist beispielsweise im Karolinenkoog unweit des Schutzgebietes „Dithmarscher Eidervorland“ zu beobachten. Die Altvögel müssen von dort mit den wenige Stunden alten Küken in die Eiderwatten wandern, wo sie nach ihrer bevorzugten Nahrung suchen, kleinen Ringelwürmern und Krebsen – denn **auf den Ackerflächen würden die Küken verhungern**.

Seite 91

Ein Teppich blühender Kuckucks-Lichtnelken mit einem Knabenkraut

Nullgebiet: Botanisches Schatzkästchen zwischen Wald und Fluss

Seite 30

Seite 21, 85

Neben dem flussbegleitenden Feuchtgrünland und den vorgelagerten Flusswatten ist auch das sogenannte **Nullgebiet** (ca. 50 ha) Teil des Schutzgebietes „Grüne Insel". Dabei handelte es sich vor der Eindeichung um eine der „Grünen Insel" vorgelagerte Fläche, in der sich viele angetriebene Muschelschalen sammelten – sogenanntes Muschelschill.

ab Seite 112

Seite 94

Das Nullgebiet liegt zwischen dem südöstlichen Rand des Katinger Waldes und der Eider und ist heute von der Kreisstraße und dem geteerten Leitdamm nahezu vollständig „eingeklemmt", was die Besiedlung durch flugunfähige Kleintiere erschwert. Auch finden viele Säugetiere, Vögel und Amphibien, die beim Wechsel zwischen den Lebensräumen Wald und Grünland die Straße überqueren, den Tod. Mit einer Längenausdehnung von 2,2 Kilometern, aber einer Breite von maximal 400 Metern ist das Gebiet ein wichtiger Teil des **Biotopverbundsystems**, das das Grünland von Olversum bis zum Naturinformationsareal bei Katingsiel verbindet. Die geringe Flächenausdehnung des Nullgebietes führt dazu, dass hier fast nur **störunempfindliche Vogelarten rasten**. Für Bodenbrüter bringt auch die **Nähe des Waldes** Probleme mit sich.

Breitblättriges Knabenkraut

Die ersten Entwicklungsplanungen des Flächenmanagements für dieses Teilgebiet sahen ursprünglich keinerlei Nutzung vor, also ein Nullnutzungsgebiet, was dieser Teilfläche zu seinem Namen verhalf. Man hoffte, dass sich durch die besondere Lage im Einfluss des salzigen Qualmwassers eine natürliche Salzwiese entwickeln würde. Das Nullgebiet liegt teilweise so tief unter dem Meeresspiegel, dass bei Flut Qualmwasser im Boden unter dem Leitdamm durchsickert und im Nullgebiet in vielen kleinen sprudelnden Quellen hervortritt.

Das Phänomen des Qualmwassers tritt auch auf den Eiderdammflächen auf. Bei hohen Wasserständen in der Flussmündung können die künstlich angelegten Deiche und Dämme unterströmt werden. Dies tritt vor allem in Folge eines grobporigen, sandigen Bodengrundes auf. Unweit des Deiches tritt dann salziges oder brackiges Wasser an die Oberfläche und Salzpflanzen wachsen zwischen den Gräsern des Grünlandes. Gelegentlich bilden sich temporäre Flachgewässer – Gewässer, die nur kurzzeitig auftreten. Der Wasseraustritt erfolgt manchmal brodelnd oder „qualmend". So wird dieses Phänomen Qualmwasser oder Drängewasser genannt.

Das Nullgebiet aus der Vogelperspektive

In den ersten Jahren entwickelte sich zunächst alles wunschgemäß und das Nullgebiet wurde zum Refugium der Salzwiesenpflanzen. Doch schon bald zeigte sich, dass der Einfluss des salzigen Qualmwassers allein nicht ausreichte, um dauerhaft das Aufkommen der schneller und üppiger wachsenden Süßpflanzen zu verhindern. Die sonnenhungrigen Pflanzen der Salzwiese begannen im Schatten der Süßpflanzen zu verkümmern. Aufkommende Büsche und Bäume verschlechterten die Brutbedingungen der Wiesen- und Küstenvögel. Pflegemaßnahmen und die Einführung einer naturschonenden Bewirtschaftung der Flächen wurden notwendig, um das Ziel „wassergeprägtes Grasland" zu erhalten.

Mit der Einführung einer späten Mahd nach der Brutzeit auf drei Teilflächen und einer naturschonenden Beweidung mit Rindern und Ponys auf einer Teilfläche – bei gleichzeitigem Verzicht auf Dünger und Herbizide – entwickelte sich ein arten- und blütenreiches Feuchtgrünland. Heute verzaubern Wiesen-Schaumkraut, Kuckucks-Lichtnelke, Sumpf-Kratzdistel, Großer Klappertopf und die Orchideenarten mit ihrem Blütenmeer. Lichthungrige, salztolerante Pflanzenarten in den Qualmwasserbereichen wie Queller, Strandsode, Strand-Aster, Strand-Dreizack, Entferntährige- und Strand-Segge, Rotschwingel, Zweischneidige Binse und Salz-Binse bringen einen Hauch von Salzwiese in das Grünland zurück und wie aus dem Nichts tauchen schon verschollen geglaubte Pflanzen wie das Gemeine Fettkraut auf.

Rastende Austernfischer im Nullgebiet

Orchideen – Schönheiten der nährstoffarmen Feuchtwiesen

Spontan wird mit Orchideen zunächst die Farben- und Formenpracht der Tropen assoziiert. Heimische Orchideen sind auf den ersten Blick unauffälliger, zeigen aber mit ihren kleinen, bizarr geformten Blüten und dichten Blütenständen eine vergleichbare Schönheit. Sie erreichen meist eine Wuchshöhe von zehn bis 40 Zentimetern und sind so einer der Farbtupfer im spektakulären Blütenteppich einer Mähwiese (Blütezeit: Mai bis Juli). Im Katinger Watt kommen vier Orchideenarten vor: Am häufigsten sind das Breitblättrige Knabenkraut und die Echte Sumpfwurz, seltener sind das Fleischfarbene und das Übersehene Knabenkraut.

Orchideen stellen hohe Ansprüche an ihre Lebensräume. Die Pflanzen benötigen nährstoffarme Feuchtwiesen mit basischem Untergrund. Diese Bedingungen fanden sie in den, nach der Abdämmung sich zu Feuchtgrünland entwickelnden, ehemaligen Salzwiesen 35, aber auch an den sonnigen Wegrändern im Katinger Wald 57. Eine Düngung führt hingegen schnell zum Verschwinden der zauberhaften Pflanzen im dann üppig wuchernden Gras. Nur eine naturschonende Mahd oder Beweidung verhindert ein Zuwachsen der Standorte dieser sensiblen Schönheiten.

Seite 30

Die Bestäubungsvorgänge der Orchideen sind kompliziert und reich an Varianten: Die Pflanzen locken Insekten mit Farbe, Geruch und Blütenstruktur an. Nektar kann zum Angebot gehören, nicht aber die Pollen: Sucht ein Insekt in der Blüte nach Nahrung, stößt es mit dem Kopf an Klebkörper, die Pollenpakete (Pollinien) am Insekt festheften. Der Transport zur (weiblichen) Narbenfläche der nächsten Blüte ist so fast sicher. Die Blüte hat nur diesen einen Versuch, da alle ihre Pollen in den Paketen gebündelt sind. Oft erfolgt die Bestäubung nur durch eine oder wenige Insektenarten. Orchideen können sich zudem nur in Lebensgemeinschaft mit Pilzen (Mykorrhiza) entwickeln (einer der Gründe, warum Orchideen nicht im Hausgarten gedeihen). Da diese Standortbedingungen selten sind, produzieren die Pflanzen zur Sicherheit Tausende winziger Samen, die der Wind verbreitet.

Echte Sumpfwurz

Säbelschnäbler

Säbelschnäbler und Blaukehlchen

Mit einer Ausdehnung von etwa elf Kilometern bildet das Dithmarscher Eidervorland das lang gestreckte südliche Ufer des Ästuars. Ebenso wie das Oldensworter Vorland wurde das Dithmarscher Eidervorland von den natürlichen Sedimentablagerungen von Fluss und Meer aufgebaut, auf denen sich zunächst eine Salzwiese ansiedelte. Das Schutzgebiet liegt heute zwischen dem Eidersperrwerk im Westen und der Tönninger Brücke/B5 im Osten. Landseitig schließen die Sommerköge des Wesselburener- und des Karolinenkoogs an, die westlich bzw. östlich vor dem ehemaligen Eiderdeich liegen. Die nördliche Grenze des Schutzgebietes verläuft im Fluss in 50 Metern Abstand zur Fahrwasserbegrenzung, d. h. die vorgelagerten Watten gehören wie beim Naturschutzgebiet „Grüne Insel" mit zum Schutzgebiet. Etwa in der Mitte durchtrennt das Außensiel von Schülperneuensiel das Vorland. Hier befindet sich ein Schöpfwerk 14, das der Entwässerung der landwirtschaftlich intensiv genutzten Köge im Hinterland dient. Zusätzlich befindet sich am Außensiel ein Liegeplatz für Privatboote.

Seite 41

Neue Äcker braucht das Land?

Nach Fertigstellung des Eidersperrwerks blieb das bis dahin weitgehend natürliche Vorland mit ausgedehnten Salzwiesen am Dithmarscher Ufer nur noch für wenige Jahre erhalten. Die jetzt ausbleibenden Fluten weckten weitere Begehrlichkeiten nach neuem Land aus der Flussmündung. Zu Beginn der 1980er-Jahre wurden landseitige Teile des Vorlandes mit niedrigen Sommerdeichen vom Fluss abgetrennt, tief entwässert und in landwirtschaftliche Parzellen aufgeteilt. Die Sommerdeiche sollen ein Eindringen der nur noch selten eintretenden höheren Wasserstände in niedrig liegende Flächen verhindern, denn den eigentlichen Hochwasserschutz gewährleistet jetzt das Eidersperrwerk. Heute liegen in den Sommerkögen vor den ehemaligen Eiderdeichen ausgesüßte Weiden (vor dem Wesselburenerkoog: 60 ha 19) und intensiv genutztes Ackerland (vor dem Karolinenkoog: ca. 200 ha 20). Am Fluss blieb nur ein schmaler Saum der ehemaligen Salzwiesen.

Seite 41

Singendes Blaukehlchen – nur die Männchen haben eine blaue Kehle

Kating
Katingsiel
Ackerflächen
Olversum
Norderlochgraben
Natur-
informations-
areal
Grüne Insel
Ringpriel
Katinger
Wald
Bruchwald
Katinger Priel
Waldsee
Nullgebiet
Eider-
damm-
flächen
Vogelschutzgebiet „Ehemaliges Katinger Watt"
Nationalpark
Wattenmeer
Speicherbecken
Eidersperrwerk
NSG „Dithmarscher Eidervorland mit Watt"
Eider
P
13
30
18
16
9
5
25
28
11
34
27
10
9
7

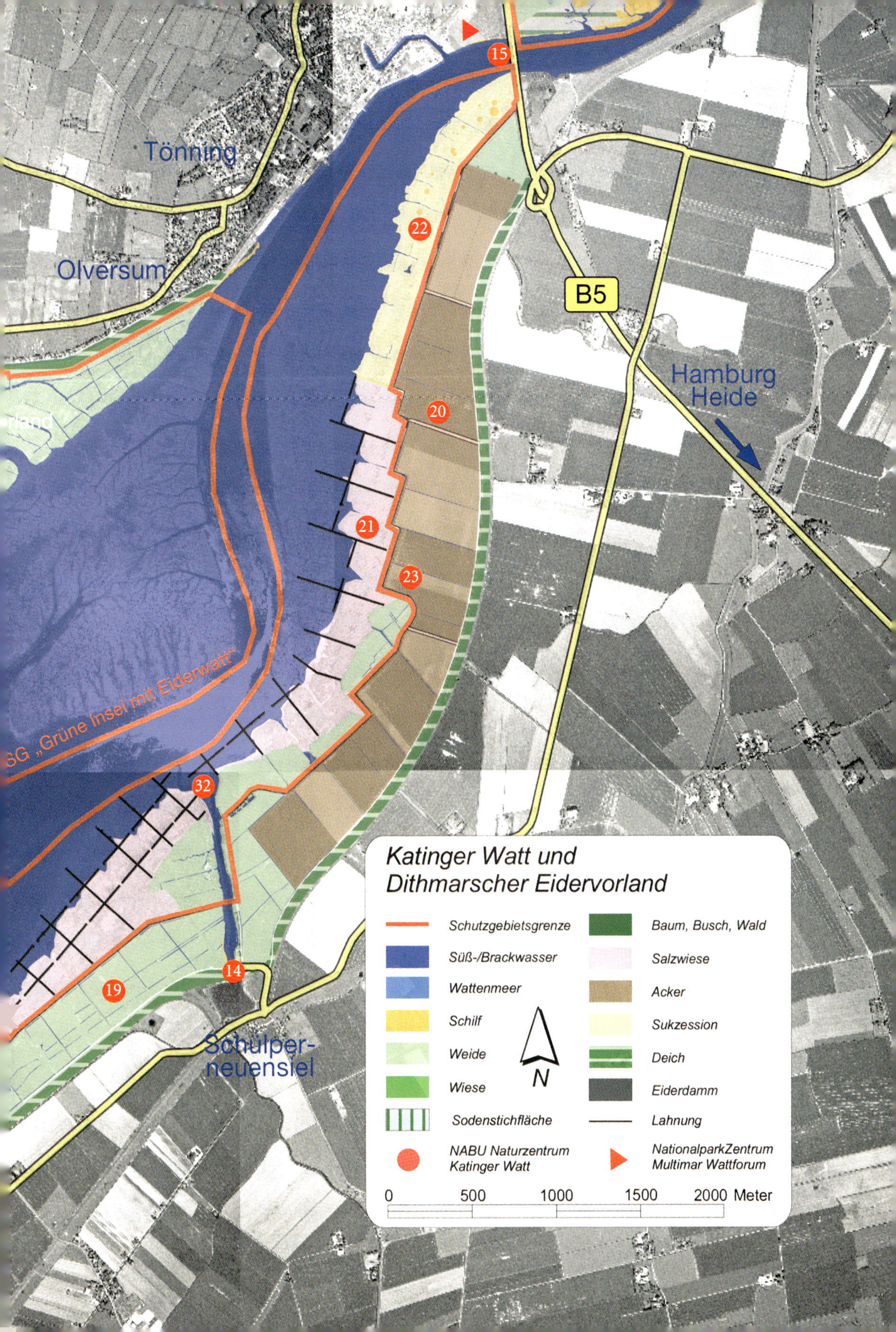
Tönning
Olversum
B5
Hamburg
Heide
15
22
20
21
23
32
14
19
SG „Grüne Insel mit Eiderwatt“
Schülper-
neuensiel
Katinger Watt und
Dithmarscher Eidervorland
Schutzgebietsgrenze
Süß-/Brackwasser
Wattenmeer
Schilf
Weide
Wiese
Sodenstichfläche
NABU Naturzentrum
Katinger Watt
Baum, Busch, Wald
Salzwiese
Acker
Sukzession
Deich
Eiderdamm
Lahnung
NationalparkZentrum
Multimar Wattforum
N
0 500 1000 1500 2000 Meter

Nicht mehr unterhaltene Lahnungen im Dithmarscher Eidervorland

Ein erstes Schutzgebiet: „Vogelfreistätte Schülper Neuensiel“

Seite 14

Seite 41

Noch vor der Abdämmung der Flussmündung wurde mit Verordnung vom 12. Juni 1950 eine **kleine Insel, auch Vogelinsel genannt,** westlich am Hafenpriel (32) unter Schutz gestellt (ca. 19 ha). Diese diente ganzjährig als Weide für Schafe sowie für Großvieh zwischen Juli und Ende Februar. Jagd (September bis Februar) und Fischerei blieben damals auch im Schutzgebiet erlaubt. Zwar brüteten in den 1950er-Jahren hier Fluss- und Küstenseeschwalben (ca. 200 Paare), Säbelschnäbler (ca. 40 Paare), Lachmöwen, Austernfischer und Rotschenkel (200 Paare), Sandregenpfeifer und Feldlerchen; jedoch gingen nach den Aussagen von O. G. Meier (1982)* die Vogelbrutbestände hier trotz der Ausweisung als Schutzgebiet deutlich zurück: „Gefährdungen und Schwierigkeiten gab es in den ersten Jahren nach dem Kriege durch das Sammeln von Eiern, Treibholz, Schafwolle und Schafdung.“ Die Brutvögel siedelten in Folge zur „Grünen Insel“ am nordfriesischen Ufer um oder auch auf die Vorländer vor dem östlich gelegenen Karolinenkoog. Die menschlichen Eingriffe in die „Vogelfreistätte“ sollten aber noch größere Ausmaße annehmen: Im Jahr 1962 wurde das Schöpfwerk bei Schülperneuensiel erneuert. Mit dem Baggergut aus dem Bereich der Baustelle und der Vertiefung des Siels wurde der Priel, der die geschützte Insel vom Festland trennte, vollständig verfüllt. Die Insel wurde Teil des Vorlandes und verlor ihre Attraktivität für die Küstenvögel. Darüber hinaus sollte das Dithmarscher Ufer der Flussmündung mit dem Bau des Eidersperrwerks nach Planungen des Sielverbandes einer anderen Nutzung zugeführt werden. Ziel war die Einrichtung eines Ferien- und Erholungsgebietes für Wassersport und Camping. Die Aufhebung der Schutzgebietsverordnung wurde jedoch abgelehnt.

Natur braucht Raum und konsequenten Schutz

Mit dem Auf und Ab der Brutvögelbestände in den (zu) kleinen Schutzgebieten wuchs die Erkenntnis, dass sich Küstenvögel nicht auf kleiner Fläche schützen lassen, sondern dass die Vögel im gesamten Ästuar regelmäßig zwischen den Vorländern mit den jeweils günstigsten Lebensbedingungen hin und her wechseln. Die Forderung nach Ausweisung eines größeren Schutzgebietes am Dithmarscher Ufer war somit folgerichtig. Am 22. Dezember 1989 wurden rund 620 Hektar des südlichen Mündungsgebietes der Eider unter Schutz gestellt, das Naturschutzgebiet „Dithmarscher Eidervorland mit Watt“. Die verbliebenen Flussufer wurden so zwar geschützt, die Lebensbedingungen hatten sich hier durch den Bau des Sperrwerks allerdings dramatisch verändert. Von der Häufigkeit der Überflutungen und deren Höhe und Dauer hängen die Lebensräume für die Pflanzen und Tiere der Salzwiese ab. Heute verhindert das Sperrwerk den Durchlass aller Tiden, die höher als zwei Meter über NN sind. So fallen etwa 70 Tiden pro Jahr mit höheren Wasserständen komplett aus. Das Geländeniveau des Schutzgebietes erreicht stellenweise 2,5 Meter über NN, sodass jetzt große Bereiche dem Einfluss des Salzwassers vollständig entzogen sind. Infolgedessen wurden die charakteristischen Salzpflanzen und deren Lebensgemeinschaften von Pflanzenarten des Brack- und Süßwassers verdrängt.

* *Meier, O.G. (1982): Die Naturschutzgebiete in Dithmarschen. Westholsteinische Verlagsanstalt Boyens & Co., Heide in Holstein.*

Schafbeweidung am Eiderufer vor dem Karolinenkoog

Keine Überflutungen – keine natürliche Wildnis im Ästuar

Mit der Ausweisung des Schutzgebietes wurde das westliche Vorland vor dem Wesselburenerkoog aus der Nutzung genommen. Hier sollte sich ein Feuchtgebiet im tidebeeinflussten Salz- und Brackwasserbereich natürlich entwickeln können. Die Idee war gut. Da aber das Sperrwerk die alles entscheidenden Überflutungen verhinderte, entwickelte sich auf dem ausgesüßten Boden eine Vegetation aus Gräsern (Weidelgras-Weißklee-Weide), Hochstauden (Disteln, Brennnesseln), Röhricht und einzelnen Weiden- und Holunderbüschen. Das Schutzziel konnte so nicht mehr erreicht werden. Daher wird seit 2007 auch dieser Teil des Vorlandes naturschonend mit Rindern beweidet, um wie in den anderen Gebieten der Eidermündung Feuchtgrünland zu erhalten. Das Dithmarscher Eidervorland soll so ein Teil des großen, die Flussmündung umspannenden **Biotopverbundsystems aus Feuchtgrünland** werden.

Seite 85

Vor dem Karolinenkoog: Schafe im Vorland

Das weiträumig gegrüppte Ufer vor dem Karolinenkoog wird heute mit Schafen beweidet. So konnte sich hier ein offenes Grünland am Fluss entwickeln, dessen Vegetation in den tiefliegenden Bereichen der Anwachszone noch den Einfluss von Salz- und Brackwasser erkennen lässt. Dieses Eiderufer ist heute ein herausragendes Brutgebiet für Küsten- und Wiesenvögel (21). In den Jahren 2004 bis 2006 brüteten allein in diesem Teil des Schutzgebietes bis zu 63 Paare Austernfischer, 406 Paare Säbelschnäbler, 112 Paare Kiebitze, 77 Paare Rotschenkel, 426 Paare Lachmöwen, 33 Paare Fluss- und 36 Paare Küstenseeschwalben.

Der nördliche Bereich des Vorlandes an der Tönninger Brücke ist seit Mai 1991 der **Sukzession** überlassen worden. Hier ist der Einfluss der Gezeiten noch stärker spürbar als in den weiter westlich gelegenen Flächen, sodass sich in den letzten 15 Jahren ein **Brackwasserröhricht** (22) bilden konnte. Auch hier finden sich noch einzelne Salzpflanzen wie Andel, Strand-Aster oder Strand-Wegerich. Das Gros der Vegetation bilden jetzt jedoch Strandsimse und Schilf. Die deutlichen Unterschiede in der Vegetationsstruktur zwischen dem beweideten und dem unbeweideten Ufer im Schutzgebiet zeigen sich auch in der Brutvogelwelt. Nicht Wat- und Wasservögel, sondern kleine, an höhere Pflanzenstrukturen angepasste Vogelarten dominieren im Brackwasserröhricht. Zu den typischen Brutvögeln zählen unter anderen Blaukehlchen (bis fünf Paare), Schilfrohrsänger (bis 35 Paare), Rohrammer (bis 45 Paare) und Rohrweihe.

beide Seite 41

Seite 77

Seite 59

Blütenstand der Strandsimse

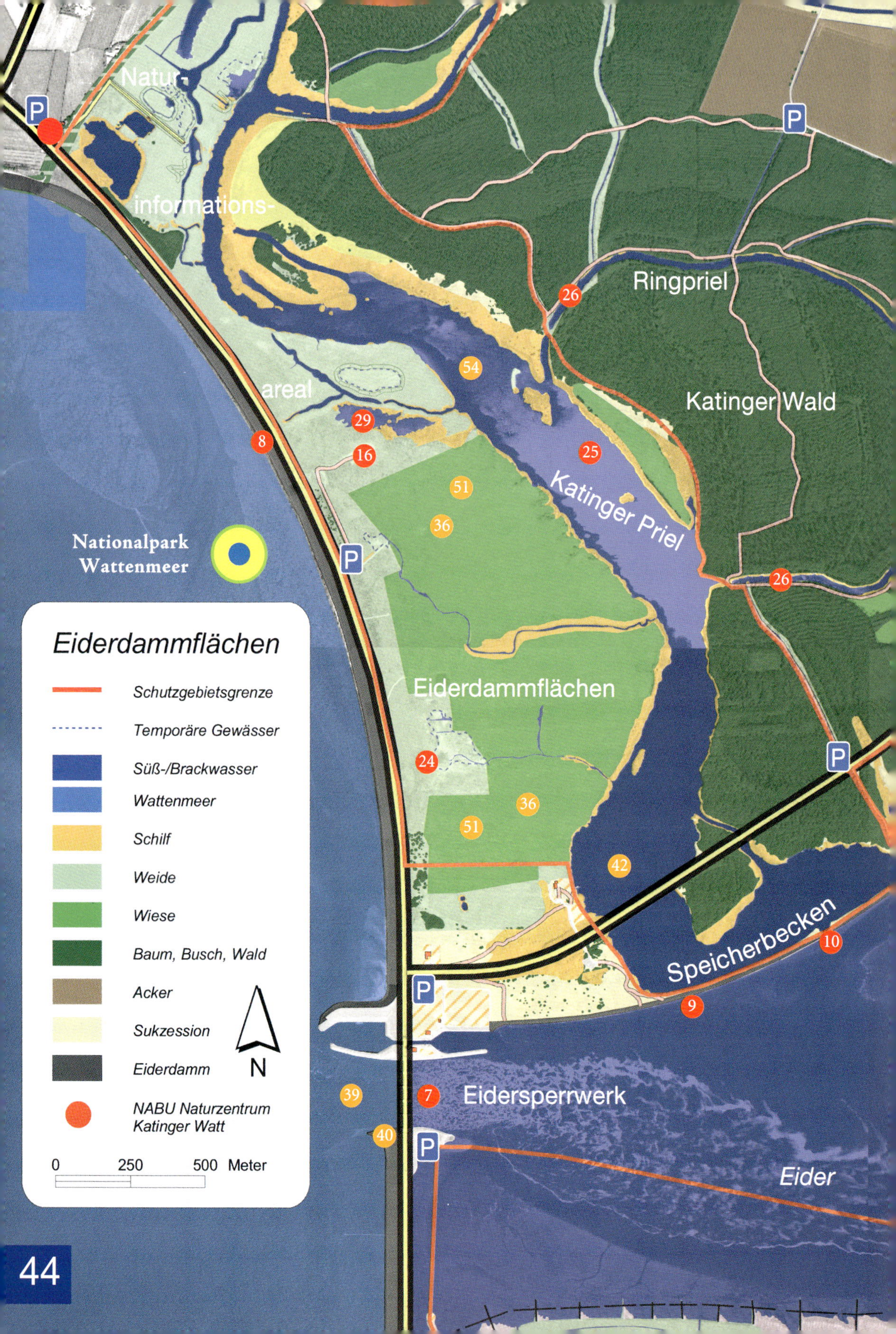

Natur-
informations-
areal
Ringpriel
Katinger Wald
Katinger Priel
Nationalpark Wattenmeer
Eiderdammflächen
Speicherbecken
Eidersperrwerk
Eider
Eiderdammflächen
Schutzgebietsgrenze
Temporäre Gewässer
Süß-/Brackwasser
Wattenmeer
Schilf
Weide
Wiese
Baum, Busch, Wald
Acker
Sukzession
Eiderdamm
NABU Naturzentrum Katinger Watt
0 250 500 Meter
N

Weiträumiges Feuchtgrünland der Eiderdammflächen

Partnerschaftliche Zusammenarbeit von Naturschutz und Landwirtschaft

Täglich rast der Autoverkehr auf der Landstraße 305 durch das Eidersperrwerk gen Norden am geteerten Seedeich entlang. Technikbegeisterte Autofahrer mag bei einem Zwischenstopp das gewaltige Bauwerk beeindrucken – Naturfreunde kommen hingegen bei den mit Blüten übersäten Wiesen und den großen Vogelschwärmen im Grünland direkt nördlich des Sperrwerks ins Schwärmen. Es sind die Eiderdammflächen, die als weite Ebene aus Mähwiesen und Viehweiden den Eindruck einer typischen Marschenlandschaft wiedergeben. Das etwa 130 Hektar große Gebiet erstreckt sich über eine Länge von rund 2,5 Kilometern vom Sperrwerk aus gen Norden bis an das angrenzende Naturinformationsareal. Kaum zu glauben, aber dies alles war vor der Eindeichung Teil der Flussmündung. Im Osten werden die Eiderdammflächen durch den Katinger Priel vom Wald getrennt 25. Etwa in der Mitte der Strecke liegt ein kleiner Parkplatz, der Spaziergänger zum Besuch des hoch aufragenden Aussichtsturms 16 einlädt.

Seite 44

Blumenteppich auf Mähwiesen

Das Grünland auf den Eiderdammflächen wird naturschonend bewirtschaftet. Es ist ein sanfterer Umgang mit der Natur, wie er noch vor der Industrialisierung der Landwirtschaft üblich war – und heute langsam wieder entdeckt wird. In einer solchen Kulturlandschaft können Pflanzen und Tiere überleben, die heute vielerorts von der modernen Agrarwirtschaft aus unserem Leben verdrängt werden. Die Mähwiesen im Zentrum der Eiderdammflächen (93 ha) werden erst nach der Brutzeit der Wiesenvögel im Juli ein- oder zweimal gemäht – auf Intensivgrünland beginnt dagegen der erste Schnitt oft bereits Anfang Mai. Auf den Eiderdammflächen bleibt daher auch Platz für Seggen (Blaugrüne Segge, Falsche Fuchssegge, Zweizeilige Segge, Ufer-Segge) und kleinwüchsige Gräser wie das Wiesen-Kammgras und das Ruchgras. Es bleibt Zeit für die Blüte der Gräser wie des Wolligen Honiggrases und die Entwicklung vieler bunter Wiesenpflanzen wie Großer Klappertopf, Orchideen, Rot- und Weißklee, Herbst-Löwenzahn oder Kleines Habichtskraut, die vielfach einen frühen Schnitt nicht vertragen.

Wiesenvögel können hier ihre Küken aufziehen, ohne von Maschinen getötet zu werden. Kunstdünger, Herbizide oder Gülle werden nicht eingesetzt, nur gelegentlich werden die Flächen nach der Mahd mit Festmist gedüngt.

ab Seite 89

Durch die Winterbeweidung der Wildgänse gehen die Wiesen extrem kurzrasig in die Wachstumszeit. Das Grünland ist im Frühjahr zudem weiträumig nasser als Intensivgrünland, sodass sich der Boden erst langsam mit dem Abtrocknen im April und Mai erwärmt. Entsprechend setzt das Pflanzenwachstum nach dem Winter nur zögerlich ein. Unter diesen Bedingungen wachsen die Pflanzen auf dem nährstoffarmen Boden langsamer als auf gedüngtem und entwässertem Intensivgrünland und erreichen ihren Höchststand daher erst im Juli und August. Hier können die Vogelküken zwischen April und Juni gut zwischen der noch lückigen und kurzen Vegetation nach Nahrung suchen. Die reiche Blütenpracht der Wiesenblumen und die Vielfalt der Pflanzenarten garantiert den Vogelküken zudem einen prall gefüllten Tisch an Insekten. Der

Bunte Blumenwiese

gewonnene Grasschnitt ist im Vergleich zu Grasschnitt aus Intensivgrünland rohfaserreicher und eiweißärmer und seine Energiemenge würde nicht für die schnelle Mast von Stallbullen oder für die Ernährung einer 10 000 Liter Milch im Jahr erzeugenden Kuh ausreichen. Das krautreiche und wohlschmeckende Futter eignet sich hingegen für die Jungvieh- und Pferdefütterung sowie für die langsamere Aufzucht von Fleischrindern. Selbstverständlich wird auch auf diesen naturschonend bewirtschafteten Flächen mit modernen Großgeräten gearbeitet – auf die Pferdefuhrwerke, Sensen und die Rückenschmerzen aus den Zeiten der Großeltern wird gern verzichtet.

Wolf im Schafspelz

Seite 44

Der Große Klappertopf wächst an nicht zu trockenen, sandigen bis lehmigen Standorten 36. Auch auf schwach salzigen Böden ist die gelb blühende Blume zwischen Juni und August zu finden. Standorte mit einer extensiven, naturschonenden Bewirtschaftung werden von ihr bevorzugt. Entsprechend verschwand die Art in den letzten Jahrzehnten aus weiten Teilen unserer industriellen Agrarlandschaft. Die 20 bis 40 Zentimeter hohe Pflanze ist ein Halbschmarotzer – sie zapft mit speziellen Saugorganen die Wurzeln der benachbarten Pflanzen an. Dies können Gräser, Kräuter und selbst holzige Pflanzen sein. Zwar kann der Große Klappertopf auch ohne Wirtspflanze wachsen, doch gedeiht die Art deutlich besser, wenn sie sich einen Teil ihrer benötigten Nährstoffe stibitzen kann. Bei der Wirtspflanze bewirkt dies eine deutliche Wuchsbehinderung, was den Klappertopf bei Landwirten unbeliebt macht. Glück im Unglück haben die so vom Parasiten geschwächten Pflanzen – den gefräßigen Schnecken schmecken die ausgelaugten Wirtspflanzen nicht.

Seinen deutschen Namen verdankt der Klappertopf dem Geräusch, das die lose im Blütenkelch liegenden Samen verursachen, wenn man an der Pflanze rüttelt.

Qualmwasser führt zum Vorkommen von Salzwiesenpflanzen auf Feuchtgrünlandflächen

Salziges Qualmwasser auf Rinderweiden

In den straßennahen Senken auf den Eiderdammflächen 24 grasen im Sommer die einfarbigen Rinder der Rasse Angus, am Katinger Priel die Rasse Shorthorn und im Winterhalbjahr toben auf den großen Weideflächen (ca. 37 ha) robuste, wetterharte Shetland-Ponys. Diese Weiden können nicht gemäht werden, denn von der Nordsee drückt Qualmwasser unter Teerdeich und Straße hindurch und tritt **als salziger Sumpf** auf der Viehweide wieder zutage. Die Artenvielfalt der Pflanzen und Insekten ist in diesen Bereichen auf kleinstem Raum besonders reichhaltig. Viele der Gräser, Seggen und Simsen sind allerdings unscheinbar und ihre Bestimmung ist etwas für Spezialisten. Wer auf einer Weide hingegen bunt blühen will, sollte stachelig sein wie Disteln oder die Dornige Hauhechel oder schlecht schmecken wie der Kriechende oder der Scharfe Hahnenfuß oder das Gänse-Fingerkraut – beste Strategien dem Fraß zu entgehen.

Regelmäßig brüten in den salzigen Senken sogar Küstenvögel wie Sand- und Seeregenpfeifer – mitten im Grünland. Sie brüten in enger Nachbarschaft mit typischen Wiesenvögeln des Binnenlandes wie Uferschnepfe und Bekassine. In den salzigen oder brackigen Senken der Weide, aber auch teilweise in den Wiesen finden sich kleine Andel- und Rotschwingelrasen oder Pflanzen aus den verschiedenen Salzwiesenlebensgemeinschaften: Queller, Strandsode, Strand-Milchkraut, Strand-Aster, Strand-Salzmelde, Strand-Dreizack, Kleines Tausendgüldenkraut, Salz- und Zweischneidige Binse, Entferntährige- und Blaugrüne Segge, Sumpf-Dreizack, Schmächtiger Dünnschwanz, Roter Zahntrost und Einspelzige Sumpfbinse.

Von ungeduldigen Durchreisenden und echten Wintergästen

Das weiträumige, übersichtliche Grünland der Eiderdammflächen zieht Rastvögel magisch an. Der weite Rundumblick bietet den Vögeln Sicherheit, denn einer der vielen lang gestreckten Vogelhälse wird bestimmt den anschleichenden Fuchs oder den anfliegenden Seeadler entdecken. Ein Flügelschlag des aufmerksamsten Wachpostens – und der Vogelschwarm fliegt in Sekundenschnelle davon. Beeindruckend sind die großen Schwärme von Nonnen-, Grau- und Blässgänsen. Ein besonderes Naturerlebnis ist die Ankunft der sibirischen Nonnengänse Anfang Oktober. Die Vögel sind nach der langen, anstrengenden Reise entlang der Ostseeküste und quer über Schleswig-Holstein oft so geschwächt, dass sie müde aus dem Himmel in das Grünland fallen. Viele legen sich in den gedeckten Tisch und fressen einige Tage rund um sich herum. Die **Gänse** sind dabei so auf die Aufnahme von Nahrung konzentriert, dass sie schweigend fressen. Es können über 15 000 Nonnengänse gleichzeitig sein. So viele schweigende Gänse – ein fast gespenstischer Anblick, denn dieses Verhalten steht im Widerspruch zur sonst so geschwätzigen Lebensart der Vögel. Wer die Gänseschwärme gesprächiger erleben will, sollte Ende April oder Anfang Mai die Eiderdammflächen 51 besuchen. Dann sorgen die bevorstehende lange Heimreise und das zukünftige Brutgeschäft für reichlich Gesprächsstoff. Gelegentlich gesellen sich zu den Gänsen einige Hundert Pfeif- und Stockenten, selten Zwerg- und Singschwäne oder sogar die noch selteneren Zwerggänse. Auch viele Wiesenvögel rasten regelmäßig auf den Eiderdammflächen, wie Goldregenpfeifer (bis zu 5 000 Individuen), Kiebitze (mehr als 1 400 Ind.), Große Brachvögel (bis zu 420 Ind.) und die sehr heimlichen Bekassinen und Zwergschnepfen.

Seite 44
Seite 36
Seite 100
Seite 44

Folgende Doppelseite: Angus-Rinder und Lupinenblüte auf der Weide der Eiderdammflächen, im Hintergrund blüht der Klappertopf auf den Mähwiesen

Froschkönig

Wasserfrosch oder Grünfrosch sind Sammelbegriffe für gleich drei heimische Froscharten, von denen an der Untereider nur der Teichfrosch („Rana kl. esculenta") vorkommt. Dies ist auch im übrigen Schleswig-Holstein, vor allem im Süden und Südosten, die weitaus häufigste Grünfrosch„art". Der Teichfrosch hält sich bevorzugt in und am Rande von sonnendurchfluteten, windgeschützten Gewässern auf. In den Gewässern des Katinger Watts hört man das weitreichende Froschkonzert etwa von Ende Mai bis Anfang Juli aus den pflanzenreichen Gräben und Teichen. Meistens jedoch wird bei einem Spaziergang zunächst das „Plopp" des ins Wasser gesprungenen Frosches wahrgenommen und erst beim vorsichtigen Annähern an ein Gewässer sind von Weitem die an der Wasseroberfläche treibenden Tiere zu erkennen. Oft gelingt es nur mit dem Fernglas die Frösche zu beobachten. „Rana kl. esculenta" ist ein biologisches Phänomen – er ist eigentlich keine Art im herkömmlichen Sinn, sondern eine Hybridform, eine Mischung verschiedener Elternfroscharten. Das ist etwas Seltenes im Tierreich und vieles liegt noch im unerforschten Dunkel. Als Eltern gelten der Seefrosch (*Rana ridibunda*) und der Kleine Teichfrosch (*Rana lessonae*). Diese Arten paaren sich gelegentlich und bilden dann als Nachkommen unseren Teichfrosch. Die Mischformen können sich dann mit den Elternarten, aber auch untereinander fortpflanzen. Allerdings bilden sich keine erneuten Mischformen, sondern stets wieder Teichfrösche. Manche Wissenschaftler sind der Überzeugung, dass hier eine neue Art entsteht. Noch etwas ist erstaunlich: Die Hybridform, der Teichfrosch, hat eine breitere ökologische Potenz als seine Elternarten. Dies bedeutet, dass er anpassungsfähiger als diese ist, was seine Häufigkeit in den verschiedensten Gewässern erklärt. Besonders gut ist das Quaken im Naturinformationsareal bei Sonnenschein zu hören 56.

Seite 25, 30, 53

NATURINFORMATIONSAREAL

Gewässerreiches Naturinformationsareal aus der Vogelperspektive

Zeit zur Muße in der Natur ...

Das Naturinformationsareal (NI-Areal) liegt in direkter Nachbarschaft zum NABU Naturzentrum. Hier bieten Beobachtungshütten 17 den Gästen die Möglichkeit, einen heimlichen Blick auf das Naturgeschehen zu werfen. Landschaftlich schließt das Gebiet im Süden und Osten nahtlos an die Eiderdammflächen und den Katinger Priel an. Grüne Weiden ziehen sich weiträumig vom Aussichtsturm auf den Eiderdammflächen bis zum alten Deich bei Katingsiel. Das Gebiet wird im Sommer mit Schafen und ganzjährig mit urtümlich aussehenden Highland-Rindern sowie gelegentlich mit Ponys beweidet.

Seite 53

Durch die künstliche Anlage von Teichen, Flachgewässern sowie großen und kleinen Inseln wurde hier das Gelände so gestaltet, dass sich möglichst viele Pflanzen- und Tierarten auf engem Raum ansiedeln konnten. Besonders auffällig und artenreich ist die Gemeinschaft der Wasser- und Wiesenvögel. Es haben sich zudem viele **Amphibien, Tagfalter und Libellen** eingefunden. Auch der Katinger Priel und angrenzende Teile des Waldes gehören zum Naturinformationsareal.

ab S. 118, 122

Katinger Priel: Der Wandel vom Priel zum Süßgewässer

Der Katinger Priel ist neben dem Fluss selbst das größte Gewässer in der Eidermündung. Er entstand während der Bauphase des Eidersperrwerks aus einem Priel, der die großen Wattflächen in Richtung offene Nordsee bei Ebbe entwässerte. Nach Anschluss des Eiderdamms ans Festland war ihm dieser Weg versperrt, sodass er seine Richtung südwärts gen Eider verlagern musste, über die er bis zur Fertigstellung der gesamten Eiderabdämmung noch weiterhin in Beziehung zur Nordsee stand. Heute ist sein Anschluss in die Eider durch ein Siel im Leitdamm abgeschottet. Über dieses Siel wird zwar bei Ebbe Süßwasser aus dem Hinterland abgeführt, es sperrt aber das Brackwasser der Eider bei Flut aus. Der Katinger Priel süßte daher aus und entwickelte sich in den letzten Jahrzehnten zu einem Eldorado für Wasservögel. Das Gewässer ist so folgerichtig ein Teil der **Schutzgebietskulisse** in der Eidermündung, andererseits muss der Sielverband Katingsiel über den Katinger Priel das Wasser aus seinem Verbandsgebiet auf Eiderstedt in die Eider abführen. Daher wurde für den Katinger Priel ein die unterschiedlichen Interessen abwägender Bewirtschaftungsplan aufgestellt.

Seite 21

Kleiner Exkurs zur Wasserbewirtschaftung im Katinger Priel

Der Katinger Priel 25 durchzieht als Hauptgewässer das Katinger Watt. Er beginnt in Katingsiel am Norderlochgraben 30, mit dem er durch ein Siel und Schöpfwerk 13 verbunden ist. Er verläuft dann weiter zur Kreisstraße 41 und ist über eine Art Zuggraben 34 mit seinem ehemaligen Ende, dem heutigen Speicherbecken 27 südlich der Straße, verbunden. Über einen Stau im Zuggraben können die Wasserstände im Katinger Priel getrennt von den Wasserständen im Speicherbecken gesteuert

alle Seite 40

Löffelentenerpel im Prachtkleid

Seite 40

Seite 53

Seite 99

Seite 112

werden. Die Wasserstände im Speicherbecken wiederum werden über ein Siel 10 im Leitdamm 9 gezeitenabhängig gesteuert. Das Speicherbecken entwässert dann in die Eider. Nordöstlich des Speicherbeckens liegt das Nullgebiet 5, dessen Gewässer 28 durch einen Bohlenstau 11 aufgestaut wird. Überschüssiges Wasser aus dem Nullgebiet wird in das Speicherbecken 27 abgeführt.

Zur Brutzeit von März bis September wird der Wasserstand im Katinger Priel zum Schutz der brütenden Vögel auf 5,00 m über Pegelnullpunkt (PNP) konstant gehalten. Wenn Wasserbauingenieure von +5,00 m PNP sprechen, ist dies gleichzeitig Normalnull (NN). Durch das Halten eines konstanten Wasserspiegels in diesem Gewässer während der Brutzeit sind die Gelege der Vögel im Röhricht nicht durch Überflutungen oder Trockenfallen (bei niedrigen Wasserständen dringen vermehrt Beutegreifer in das Schilfröhricht ein) gefährdet. Das anfallende Wasser aus dem Eiderstedter Hinterland muss in dieser Zeit geschöpft – also hochgepumpt – werden, da in den Grabensystemen der Halbinsel die Wasserstände zeitweise bis auf +3,60 m PNP abgesenkt werden. Ab Ende September bis Anfang März können die Wasserstände im Katinger Priel schwanken und dürfen bis auf +4,20 m PNP abgesenkt werden. In dieser Zeit kann das Wasser des Hinterlandes im Freilauf durch den Katinger Priel in die Eider abgeführt werden.

Die Wasserstände im Speicherbecken können dagegen variabel gehalten werden, ausschließlich bestimmt von den Bedürfnissen der Wasserwirtschaft (z. B. niedriger Wasserstand als Pufferraum für zu erwartende hohe Niederschläge). Die Ökologie des Speicherbeckens ist daher geprägt von schwankenden Wasserständen zwischen 3,70 m und 5,00 m über Pegelnull.

Hier lassen Wasservögel ihre Hüllen fallen ...

Ein Blick durchs Fernglas vom Aussichtsturm aus lohnt sich 16 (siehe rechts). Der Katinger Priel ist ein herausragendes Brut- und Rastgebiet für Wasservögel. Weniger bekannt ist seine Funktion als Schlaf- und Mauserplatz für Gänse und Enten. In den Jahren 2003 bis 2006 wurden hier bis zu 1 300 Stock- und Spießenten, 850 Pfeif-, 360 Krick-, 150 bis 200 Reiher- und Tafel-, Schnatter-, Löffelenten und Blässrallen gleichzeitig gezählt. In den Sommermonaten zwischen Mai und August mausern hier mehrere Tausend Vögel ihr Großgefieder 54. Sie sind dann für Wochen flugunfähig, haben erhöhte Körpertemperatur und sind besonders **vorsichtig und ängstlich**. Neben den großen Federn wechseln die Enten auch ihr Kleingefieder vom bunten Prachtkleid in ein unscheinbares Ruhekleid. Alle Arten sehen dann in den Sommermonaten unscheinbar bräunlich aus und es gehört Übung dazu, die verschiedenen Entenarten zu unterscheiden.

Der Katinger Priel ist zudem ein **Rastplatz** zur Hochwasserzeit für viele Küstenvögel, die bei Ebbe im Watt nach Nahrung suchen und in der Zeit der Flut am windgeschützten Gewässer ruhen. So wurden hier in den letzten Jahren bis zu 1 300 Alpenstrandläufer, 900 Brandenten, 300 Dunkle Wasserläufer und rund 200 Rotschenkel beobachtet. Diese und viele seltenere Vogelarten können im Naturinformationsareal aus der Nähe beobachtet werden – nicht gleichzeitig und nicht zu jeder Tages- und Jahreszeit, aber im Laufe eines Jahres. So ist das Frühjahr im April und Mai eine besonders günstige Zeit, um die Wasservogelarten kennenzulernen, der Spätsommer hingegen günstig, um die unscheinbaren Watvögel wie Bruch- und Waldwasserläufer oder den Flussuferläufer zu entdecken.

Katingsiel
Tönning
Norderlochgraben
NABU Naturzentrum
Katinger Watt
Natur-
informations-
areal
Katinger Wald
Katinger Priel
Vogelschutzgebiet „Ehemaliges Katinger Watt"
L305
Eiderdammflächen
Nationalpark
Wattenmeer
Eidersperrwerk
Naturinformationsareal
Schutzgebietsgrenze
Temporäre Gewässer
Süß-/Brackwasser
Wattenmeer
Schilf
Weide
Wiese
Baum, Busch, Wald
Deich
Eiderdamm
Acker
Sukzession
NABU Naturzentrum
Katinger Watt
0
125
250 Meter
N
P
13
52
47
48
53
17
44
49
56
54
16
55

Zwergtaucher im Prachtkleid

Pas de deux mit Haube

Lappentaucher sind typische Vögel des Süßwassers. Ihren Namen verdanken sie Schwimmlappen an den Zehen, die beim Schwimmen und Tauchen die Fläche der Füße verbreitern und so eine ähnliche Wirkung wie Schwimmhäute haben.

ab Seite 120

Seite 53

Haubentaucher sind die größten Taucher im Süßwasser (Körpergewicht bis ein Kilogramm), Zwergtaucher mit rund 200 Gramm die kleinsten. Beide Arten können im Naturinformationsareal beim Brutgeschäft beobachtet werden 44. Beeindruckend ist die Balz der Haubentaucher, die bereits kurz nach ihrer Ankunft im März an den Brutgewässern vorgetragen wird: Beide Partner schwimmen aufeinander zu, richten sich auf und vollführen parallele Bewegungen. Sie stellen ihre Schmuckfedern an Kragen und Haube (Name!) auf, drehen und schütteln gemeinsam die Köpfe, putzen sich zum Schein und präsentieren dem Partner Nistmaterial im Schnabel. Das alles läuft in großer Harmonie, aber mit lautem Geschrei ab. Kurzum: Man präsentiert sich von seiner besten Seite als häuslicher Ehepartner. Die Vögel bauen schwimmende Nester aus Wasserpflanzen und befestigen diese meistens in Ufernähe.

Haubentaucher erbeuten überwiegend **Fische** von zehn bis 15 Zentimetern Länge. Im Katinger Watt sind es hauptsächlich Stichlinge. Nicht selten fliegen die Taucher zudem auf die Eider, um hier Stinte und Jungfische zu erbeuten. Vor allem zur Zeit der Kükenaufzucht bereichern leicht verdauliche Insekten(larven) und Kaulquappen den Speisezettel. Kleine, schwimmfaule Küken lassen sich – im Rückengefieder der Eltern verborgen – oft tragen, müssen dann aber auch jede Tauchpartie mitmachen.

Haubentaucher mit aufgestellter Federhaube

Ein verkehrter Gänsemarsch: Ganter und Gans nehmen den Nachwuchs in die Mitte – im Normalfall bildet allerdings die männliche Gans das Schlusslicht

Gans mit Familiensinn

Ende April, Anfang Mai bietet das Naturinformationsareal ein Naturschauspiel der besonderen Art 52: Die Graugansfamilien führen jetzt ihre Küken zum Fressen ins Grünland vor den Beobachtungshütten. In manchen Jahren tummeln sich hier dreißig Familien und mehr. Was auf den ersten Blick wie das Durcheinander auf einem Rummelplatz aussieht, entpuppt sich – mit etwas Geduld – als wohlgeordnetes Speisen am Kalten Buffet. Auffällig sind einige große Altvögel, die mit lang gestrecktem Hals die Szenerie überwachen. Es sind die Gänsemännchen, die Ganter. Sie vertreiben die hungrigen Nachbarfamilien vom eigenen Frühstückstisch. Sie sind die letzten beim Gänsemarsch, die eigene Familie immer im Blick, und sie stellen sich einer Gefahr wie etwa einem vorbeilaufenden Fuchs. In einer solchen gefährlichen Situation rücken die Gänsefamilien eng zusammen. Dann ist der Streit mit den Nachbarn für kurze Zeit vergessen. Für die Ganter ist die Kükenaufzucht eine anstrengende Zeit – sie verlieren viel Gewicht. Die Gänseweibchen sind stets in der Nähe der Küken zu finden. Sie entscheiden, wann und wohin die Familie geht. Entsprechend bilden sie beim Gänsemarsch die Spitze. Zwischen den Elternvögeln marschieren bis zu zwölf eigene Küken – in der Regel sind es aber nur vier bis sechs Gänsekinder, auch Gössel genannt. Sozial hoch stehende Paare führen gelegentlich fremde Gänseküken in ihrem Familienverband. Nahezu in jedem Jahr können so Familien mit an die zwanzig Gössel beobachtet werden. Biologen sprechen von einem Kindergarten (vgl. Eiderente S. 16). Das Ansehen der Elternvögel einer solch großen Kinderschar wächst enorm. Das normale Fußvolk der Gänse macht ihnen huldvoll Platz. Die Adoptivkinder profitieren von der Großzügigkeit der Gastfamilie, indem sie an den besten Nahrungsplätzen Gräser und Kräuter fressen dürfen. Der „Vater" der Großfamilie ist jetzt reich an Ansehen, aber arm an Körpergewicht!

Seite 53

Prielsystem im Olversumer Vorland

Chaos im Ästuar

Kurz vor dem Erreichen des Meeres verbreitern sich viele Flüsse in Norddeutschland unter dem Einfluss der Gezeiten zu großen Mündungstrichtern, die **Ästuare** genannt werden. Ein solches Ästuar war vor den umfangreichen Eindeichungen auch für die Eider typisch. Wer heute auf dem Leitdamm an der künstlichen Schnittstelle von Fluss und Nullgebiet spazieren geht, mag noch einen Hauch von der ehemaligen Kraft und Dynamik der großen Flussmündung spüren. Von diesem exponierten Standpunkt aus entsteht oft der Eindruck, dass sich die jetzt deutlich schmalere Flussrinne bei Ebbe hinter weitläufigen Schlickwatten versteckt oder dass der Fluss bei Flut wie ein Binnensee für längere Zeit zum Stillstand kommt. Dabei prägen – ähnlich wie im nahen Wattenmeer – auch heute noch ständige und extreme Veränderungen diesen Lebensraum.

Seite 13

Immer Ärger mit dem Salzgehalt

Im Ästuar entsteht ein Übergangsbereich von Süß- zu Salzwasser, die sogenannte Brackwasserzone. Hier herrschen extreme ökologische Bedingungen, da abwechselnd nährstoffreiches Flusswasser vorbeiströmt oder die Tide salziges Meerwasser in die Flussmündung drückt und zudem entweder der Westwind das Salzwasser oder der Ostwind das Süßwasser stärker vorantreibt. Auch verändert sich der Salzgehalt des Wassers im Laufe eines Jahres. Ende August oder Anfang September erreicht die Salinität ein Maximum, um ab September abzusinken und von Januar bis in den Sommer allmählich wieder anzusteigen. Nicht zuletzt führen Niederschläge im Einzugsbereich des Flusses zu erhöhten Mengen an Süßwasser, was dann bis weit in das Wattenmeer hinein zu Veränderungen beim Salzgehalt führt.

Einige Pflanzen- und Tierarten können im Brackwasser gerade noch exstieren, bevor es für sie entweder stromaufwärts zu süß oder stromabwärts zu salzig wird. Nur wenige Tierarten, wie einige Kleinkrebse oder Ringelwürmer, haben sich auf ein Leben im Brackwasser spezialisiert. Dennoch verbringen von den wirbellosen, kleinen Tieren bis zu den wandernden Fischen etliche Arten einen Teil ihres Lebens in diesem Übergangsbereich. Dies sind beispielsweise Krebsarten wie die häufige Brackwassergarnele oder die Chinesische Wollhandkrabbe. Unter den Fischen sind Flunder, Stint und Flussneunauge zu nennen. In den Mündungswatten leben heute nur noch wenige typische Arten der Wattenmeerfauna, darunter der gegenüber den starken Schwankungen des Salzgehaltes unempfindliche Schlickkrebs.

Der Mensch steigert das Chaos

Seit dem Bau des Sperrwerks kann nicht mehr von einer natürlichen Vermischung der Wassermassen gesprochen werden. Heute fehlen vor allem „stabilere" Übergangszonen mit unterschiedlich salzigem Wasser. Genauer gesagt, der Bau des Eidersperrwerks führte zu einer deutlichen Reduzierung des Gezeiteneinflusses und somit zur Verkürzung der Zone mit Brackwasser in der Untereider. Gebiete, in denen früher Tierarten mit bestimmten Ansprüchen an den Salzgehalt des Wassers leben konnten, wurden dramatisch verkleinert und sind heute von so schnellen Veränderungen betroffen, dass ein Überleben für

Schillernder Seeringelwurm

viele Kleintiere hier nicht mehr möglich ist. Die Vielfalt des Lebens im Fluss verringerte sich deutlich. Besonders im Eulitoral, dem periodisch bei Ebbe trocken fallenden (Fluss)Watt, sank die Artenvielfalt. Typische Meerestiere wie der Schillernde Seeringelwurm und die Herzmuschel fehlen heute weitgehend. Nach dem Bau des Sperrwerks blieb dem Fluss eine Durchflussöffnung von 200 Metern – von einst 4,8 Kilometern. So wurde der in die Mündung eindringende **Flutstrom des Meeres drastisch reduziert**, d. h. selbst bei geöffneten Toren am Sperrwerk kann nur noch ein geringer Teil der Flut in die Flussmündung hineinlaufen. Zudem kann durch das Herabsenken der Tore der Durchfluss dieser Wassermengen und ihre Fließgeschwindigkeit noch weiter gedrosselt werden. Mit dieser Regulierung des Flutstromes wird der Versandung der Eider entgegen gesteuert, aber auch die Höhe der Flut in den stromaufwärts liegenden Gebieten gekappt. Werden die Tore des Sperrwerkes dagegen am Ende der Ebbtide geschlossen, wird die Eidermündung in ein riesiges leeres Speicherbecken umgewandelt, obwohl nun eigentlich das Salzwasser wieder stromaufwärts ziehen sollte. Diese sogenannten Sieltiden werden immer dann gefahren, wenn im tiefer liegenden Hinterland viel Wasser ansteht und in die Eider abgeführt werden muss. Dieses Süßwasser hat nun während der Flut im Wattenmeer Zeit, sich in der Eidermündung zu sammeln. Viele der dann in der Mündung gefangenen Meerestiere überleben solch ein aufgezwungenes Bad im Süßwasser nicht.

Seite 14

Ein Rest von Salzwiese

Auch für die Flussufer in der Eidermündung brachten die großtechnischen Eingriffe weitreichende ökologische Veränderungen. Die Ufer des ehemaligen Eiderästuars waren vor den Eindeichungen von Salzwiesen gesäumt, wie sie auch für die Küste des Wattenmeeres typisch sind. Salzwiesen sind ein ganz besonderer Lebensraum. Pflanzen- und Tierarten, die hier überleben können, sind an eine extreme Umwelt mit regelmäßigen Überflutungen und Meersalz im Übermaß angepasst. Die Lebewesen einer Salzwiese haben sich auf diese Extreme eingestellt und sind so der Konkurrenz durch Pflanzen und Tiere der von Süßwasser geprägten Lebensräume ausgewichen.

Vor allem durch die Eindeichungen im heutigen Katinger Watt wurden ehemalige Salzwiesen zerstört. Aber selbst in den Uferbereichen der „Grünen Insel“ oder des Dithmarscher Eidervorlandes, die auch heute noch im direkten Kontakt zum Fluss stehen, verschwanden große Teile der Salzwiesen. Was war geschehen? Salzwiesen sind entscheidend vom Verlauf der mittleren Hochwasserlinie abhängig und damit eng verbunden mit der Anzahl salziger Überflutungen. Unter natürlichen Bedingungen zeigen die Standorte der Salzpflanzen eine charakteristische Zonierung an der Küste, die die Häufigkeit der Überflutungen widerspiegelt. Heute verhindert das Eidersperrwerk höhere Überflutungen. Die ehemaligen Salzwiesen auf höher gelegenen Uferbereichen wurden seit der Fertigstellung des Sperrwerks 1973 nicht mehr überschwemmt. Regen wusch hier in den letzten Jahrzehnten das Salz aus dem Boden. Wer heute das Eiderufer im Bereich der „Grünen Insel“ betrachtet, wird weiträumig Süßgräser und Disteln statt Salzwiesen vorfinden. Reste der ehemaligen Salzwiesen sind hier weitgehend auf einen schmalen Saum am Fluss oder in tiefe Gräben zurückgedrängt worden.

Strand-Aster – eine typische Pflanze der Salzwiese

Selten und artenarm – das Brackwasserröhricht

Infolge der Abdämmung und Eindeichung der Eidermündung drangen Brackwasserröhrichte seewärts bis weit in die ehemaligen Salzmarschen vor und haben diese teilweise ganz aus dem Uferbereich verdrängt. Zwanzig Jahre nach Deichschluss, in den Jahren 1992 bis 1994, traten bereits Pflanzenarten der Brackwasserröhrichte fast bis zur ehemaligen Mündung auf. Entscheidend für diese Entwicklung waren die Verringerung des Wellenschlages und die Verschiebung des Salzgehaltes im Fluss. Wer heute die Bundesstraße B5 entlang über die Tönninger Brücke fährt 15, kann zu beiden Seiten einen flüchtigen Blick auf Brackwasserröhrichte im flussabwärts gelegenen Dithmarscher Eidervorland oder im flussaufwärts gelegenen Oldensworter Vorland werfen. Hier sind nicht oder nur schwach beweidete Areale zu sehen, in denen sich die Brackwasserröhrichte gebildet haben. Es dominiert eine Pflanzenart, die Strandsimse. Sie bildet dichte, niedrige Röhrichte, die bis weit in das Flusswatt vordringen. Im Röhricht sind Pflanzenarten wie Schilf, Breitblättriger und Schmalblättriger Rohrkolben sowie selten die Salz-Teichsimse eingestreut. Etwa einen Kilometer westlich der Tönninger Brücke geht diese Pflanzengesellschaft in Salzwiese über, wo Englisches Schlickgras, Strand-Aster und -Wegerich strukturbildend sind. Brackwasserröhrichte sind von Natur aus selten. Sie finden ihren Platz entlang eines Flusses zwischen den konkurrenzstarken Schilfröhrichten des Süßwassers und den Salzwiesen an der Küste. Nur in einem kleinen Übergangsbereich, in dem die Lebensbedingungen den einen Pflanzen nicht mehr bzw. den anderen noch nicht zusagen, finden Brackwasserröhrichte ihr Auskommen.

Unter den Brutvögeln dominieren im Brackwasserröhricht deutlich die Rohrammer, der Schilfrohrsänger und die Stockente. Dort, wo offenere Bereiche mit Tümpeln, Salzpflanzen oder Gräsern im Röhricht eingestreut sind, treten Schnatterente, Rotschenkel, Schafstelze und Wiesenpieper auf. An kleine, eingestreute Schilfröhrichte im Brackwasserröhricht gebunden sind darüber hinaus oft die Brutvorkommen von Blaukehlchen, Teichrohrsänger und Rohrweihe.

Seite 41

Brackwasserröhricht in der Sukzessionsfläche im Dithmarscher Eidervorland, im Hintergrund sind Tönning und die Brücke der Bundesstraße 5 zu erkennen.

Stinker mit Gurkenflair

Der Stint oder Stink(e)fisch kann auch vom Laien leicht bestimmt werden: Er sieht aus wie ein kleiner Hering (Länge: 20 bis 25 cm, selten größer), riecht aber wie eine grüne Gurke. Das macht ihn einmalig unter den heimischen Fischen. Im Englischen heißt er vornehmer: „Smelt" (Riecher). Ein großes Maul und nadelspitze Zähne zeigen aber deutlich – Gurke hin und Gemüse her –, dass er ein Raubfisch ist. Trotz seiner Gestalt gehört er zoologisch übrigens zu den lachsartigen Fischen, denn er hat wie Forelle oder Lachs eine kleine Fettflosse auf dem hinteren Rücken.

Vom Stint gibt es eine im Meer lebende Wanderform (Seestint) und eine stets im Süßwasser lebende, kleinere Form (Binnenstint). Wie bei vielen weiteren Fischarten wandern die im Meer lebenden Stinte zum Laichen die Flüsse aufwärts. Dann versammeln sich die Fische im Winter in großen Schwärmen vor den Flussmündungen, um im Frühjahr flussaufwärts zu wandern (Laichzeit: März und April). Sie bevorzugen zum Laichen Brackwasser und sandige Böden (pro Weibchen sind es bis zu 12 000 Eier). Die Stinte, die das anstrengende Laichgeschäft überleben, wandern zurück ins Meer, wohin ihnen der Nachwuchs im Herbst folgt. Im Meer halten sich die Fische am Tage in großen Tiefen auf, um nachts nahe der Wasseroberfläche auf Beutefang zu gehen. Wer Stinte einmal von Nahem betrachten möchte, sollte eine der **Schifffahrten mit Seetierfang** besuchen – im April und Mai ist es besonders lohnend. Und noch etwas: Nicht nur Küstenvögel, Robben und Schweinswale lieben diese schmackhaften Fische, auch als Speisefisch wird der Stint geschätzt.

Seite 144

Marathonlauf im Krebsgang

Das ursprüngliche Verbreitungsgebiet der Wollhandkrabbe liegt in Ostasien, von wo aus sie vermutlich im Ballastwasser von Schiffen nach Mitteleuropa gelangte. In Deutschland wurde die Art erstmals 1912 nachgewiesen. Der Wollhandkrabbe fehlt in den Flüssen Europas die Konkurrenz einer heimischen Art, sodass ihre Ausbreitung entsprechend rasant verlief. Da sich die Tiere zudem vielseitig von Pflanzen, wirbellosen Kleintieren, Fischlaich und Aas ernähren, sie an die Qualität des Wassers keine hohen Ansprüche stellen und auch Wanderungen über Land unternehmen, konnte sich die Krabbe schnell und weiträumig ausbreiten.

An der Eider sind die ovalen, bis zu 80 Zentimeter tiefen Wohngänge im Schlick der Priele oder die gehäuteten Panzer im Spülsaum eine allgegenwärtige Erscheinung. Interessant ist die Fortpflanzung der Art: Die Krabben schlüpfen in den Laichgebieten der Ästuare und im Wattenmeer aus den Eiern, wandern als etwa zweijährige Krabben weit die Flüsse hinauf, um mit Eintritt der Geschlechtsreife als ungefähr fünfjährige Tiere und mit einer Körperlänge von sieben bis acht Zentimetern (durch die langen Beine wirken sie größer) zur Fortpflanzung wieder an den Geburtsort zurückzuwandern. Hierher wandern zunächst die Männchen, die dann in den Flussmündungen auf die laichbereiten Weibchen warten. Das Gros der Tiere stirbt nach dem Laichen. Namensgebend für die Wollhandkrabbe ist ein pelzartiger „Haar"besatz an der Klauenhand der Männchen.

Wollhandkrabbenweibchen ohne ausgeprägte „Wollhand"

Ausflugsschiff bei Ebbe im Fahrwasser der Eider

Eine Lebensader verbindet

Zwischen Friedrichstadt, Tönning und dem Katinger Watt bekommt der Besucher nur einen sehr unvollständigen Eindruck von der Eider, denn er sieht lediglich das Ende des Flusses nach seinem **Weg durch Schleswig-Holstein**. Nichts ist hier zu ahnen von den klaren Bächen der Quellregion mit seinen Forellen und Prachtlibellen, nichts von den Flussmäandern bei Süderstapel oder Fresendelf und nichts von den Niedermoorwiesen mit Sumpf-Dotterblumen und Weißstörchen bei Bergenhusen.

ab Seite 9

Ein Fluss mit seinen Nebenflüssen erzählt viele Geschichten. Er ist eine Lebensader, die weiträumige Gebiete miteinander verbindet. Flüsse sind viel mehr als Transportwege oder Vorfluter zur Entwässerung – sie sind vor allem Lebensraum und Wanderweg für viele Pflanzen und Tiere. Flüsse sind riesige, verzweigte **Biotopverbundsysteme.**

Seite 85

Die Eider hatte ein Einzugsgebiet von 3 275 Quadratkilometern, das durch wasserbauliche Maßnahmen in den letzten 600 Jahren auf 2 070 Quadratkilometer verkleinert wurde. Wichtige Nebenflüsse sind Treene und Sorge, so dass zusammenhängend von der Eider-Treene-Sorge-Niederung gesprochen wird. Die Flusslänge verkürzte sich durch die Gesamtheit der Maßnahmen von 185 Kilometer auf 108 Kilometer. Der Nord-Ostsee-Kanal, vier Sperrwerke bzw. Abdämmungen bei Lexfähre, Rendsburg, Nordfeld und an der Flussmündung, aber auch viele kleine Staue und Pumpanlagen unterteilen heute das Gewässersystem. Hinter diesen nüchternen Zahlen verbergen sich umwälzende Brüche in der Ökologie des Flusses. So kam es zum Verlust der Fließgewässereigenschaften in der Binneneider, was für flusstypische Tierarten zum lokalen Aussterben führte. Das berühmteste Beispiel: Wenige Jahre nach dem Bau des Sperrwerks Nordfeld (1936) brach der Fang von Stören in der Eider vollständig zusammen. Die letzten Laichgründe dieser Art in Deutschland waren vom Meer abgeschnitten. Der Gemeine Stör steht heute weltweit vor dem Aussterben.

Fluss und Fisch in Schubladen!

Fische sind für den Menschen ein Wirtschaftsgut. Um diese potentielle „Beute" und die Vielfalt der Lebensräume eines Flusses zu ordnen, wurden daher Flussabschnitte schematisch in Regionen eingeteilt. Dabei lässt sich aus der Form und Größe des Gewässers, dem Vorkommen von Pflanzen und Nahrungstieren, der Wassertemperatur, -tiefe und -bewegung sowie dem Gewässergrund auf das Vorkommen bestimmter Fischarten schließen. Benannt werden die Regionen jeweils nach einer für den Lebensraum typischen Fischart. Die Region der klaren, kalten und schnell fließenden Bäche zu Beginn eines Flusses wird Forellenregion genannt, der flussabwärts die Äschenregion folgt. Diese Flussabschnitte sind in der Regel nährstoffarm und klar. Wenn der Fluss im mittleren Abschnitt mehr Wasser führt, die Temperaturen beim langsamen Dahinfließen steigen, folgen zwei Regionen, die nach der Barbe bzw. nach dem Blei (oder Brassen) benannt sind. Hier ist das Wasser trübe und reich an Schwebstoffen. Die Brackwasserzone in einer Flussmündung schließlich wird Kaulbarsch-Flunder-Region genannt. Ihr ist der Bereich des Katinger Watts zuzuordnen.

Sandgrundel

Unter der Wasseroberfläche der Eidermündung

Es wurde bereits erwähnt, dass sich die Salzwiesen und die Brackwasserzone nach den wasserbaulichen Eingriffen in die Flussmündung seewärts verschoben haben. Wie sieht es unter Wasser aus? Einen spannenden Blick in die Tierwelt des Ästuars ermöglichen die **Eiderfahrten mit Seetierfang**. Dabei wird ein kleines Netz über den Grund gezogen und der Fang anschließend an Bord des Ausflugsschiffes begutachtet und erklärt. Die in den Jahren 2005/06 am häufigsten gefangenen Fischarten gibt die Abbildung 6 wieder. Seltener gingen bislang Steinpicker, Hering, Aalmutter, Aal, Sprotte, Wittling, Seeskorpion, Fünfbärtelige Seequappe, Steinbutt und Butterfisch, Kliesche, Zander und Seeteufel ins Netz. Bei den gefangenen **Fischarten** überwiegt somit auch heute noch der Einfluss des nahen Wattenmeeres deutlich, während für die Brackwasserzone Stint und Flunder typisch sind. Süßwasserfische wurden an dieser Stelle des Flusses nur selten gefangen. Dabei muss berücksichtigt werden, dass das Grundnetz nur eine Auswahl von bodennah lebenden Arten fängt, Fische des offenen Wassers geraten hingegen seltener ins Fanggerät.

Weiterhin bietet sich bei den Seetierfängen auch die Gelegenheit, viele Kleintiere zu entdecken. In großer Anzahl werden Sandgarnelen gefangen, unter Feriengästen als Hauptbestandteil der Krabbenbrötchen bekannt. Häufig sind auch große Krebsarten wie Chinesische Wollhand-, Schwimm- und Strandkrabbe dabei, seltener hingegen die kleineren Schwebgarnelen und Flohkrebse, weiterhin Brackwassergarnele, Ostsee-, Rote- und Sägegarnele oder Steingarnele. Zudem finden sich regelmäßig Blättermoostierchen sowie Seestachelbeeren und Melonenquallen, die beide zu den sogenannten Rippenquallen gehören. Daneben wird eine Vielzahl von Nesseltieren wie Federpolyp, Blaue Nesselqualle, Blumenkohl-, Kompass- und Ohrenqualle an Bord geholt. Überzeugen Sie sich selbst bei einer Eiderfahrt mit Seetierfang.

Seite 144

ab Seite 120

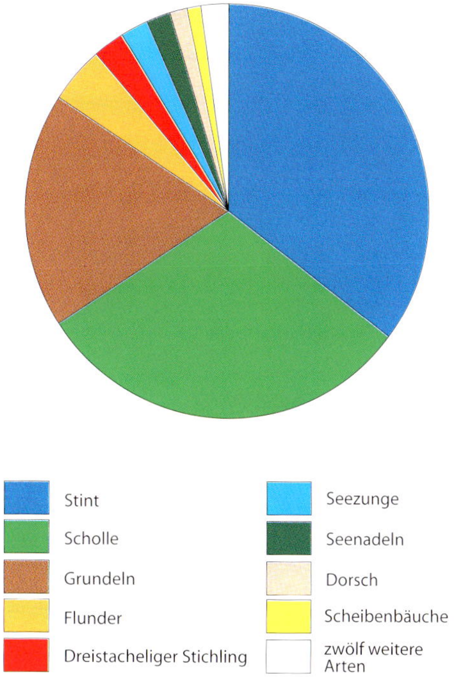

Abb. 6: Anteile der im Rahmen von Seetierfängen in der Eidermündung häufig gefangenen Fischarten (2005 und 2006). Bei den Grundeln handelt es sich vermutlich überwiegend um Sand- und Strandgrundeln, bei den Seenadeln um die Kleine Seenadel und bei den Scheibenbäuchen vermutlich überwiegend um den Großen Scheibenbauch.

FLUSSBEGLEITENDES FEUCHTGRÜNLAND

Bekassinen

Nasse Füße bevorzugt

Für Küstenbewohner ist es eine Selbstverständlichkeit – Besuchern hingegen fällt es sofort auf: Die windigen See- und Flussmarschen am Wattenmeer bilden in einigen Kögen auch heute noch eine weite, sattgrüne Landschaft unter einem weitgespannten Himmel. Regen fällt hier reichlich und Grundwasser steht oft nahe an der Bodenoberfläche. Unter diesen Bedingungen lohnte sich für den Menschen über Jahrhunderte vor allem die Freilandhaltung von Weidetieren (z. B. die Eiderstedter Ochsenmast), da deren Grünfutter auf den Weiden üppig wuchs. Noch vor Jahrzehnten war diese Landnutzung so naturschonend, dass in der Kulturlandschaft viele Wildpflanzen und -tiere mit dem Menschen leben konnten. Das änderte sich mit der zunehmenden Intensivierung des Wasserbaus und der Landwirtschaft: Großflächige Eindeichungen und Trockenlegungen ermöglichen heute Ackerbau in der Marsch, EU-Agrarbeihilfen fördern die Stallhaltung der Nutztiere, ein befestigtes Wegenetz für große Landmaschinen macht jeden Winkel der Marsch erreichbar. Parallel entstanden neue Siedlungen, Windkraftanlagen und Straßenalleen. Die Marschen am Wattenmeer und in den Flussniederungen, wie sie noch auf alten Bildern zu sehen sind, wandelten ihr Aussehen – und verloren ihren einmaligen Charakter. In der modernen Agrarlandschaft finden viele der früher häufigen Pflanzen- und Tierarten des Grünlandes kein Auskommen mehr. Heute sind sie oft nur noch in Schutzgebieten zu finden. Der Naturschutz an der Eidermündung hat daher den Erhalt des flussbegleitenden Feuchtgrünlandes zum Ziel. Im Unterschied zu den natürlich baumfreien Salzwiesen ist dies hier im eingedeichten Land nur durch eine **naturschonende Landnutzung in den Schutzgebieten** möglich.

ab Seite 17

Sumpfschwertlilie

Landwirte als Landschaftspfleger

So sind die naturnahen Weiden und Mähwiesen die Basis für das Überleben der an das Grasland angepassten Pflanzen- und Tierarten. Einer Nutzung des Feuchtgrünlandes sind im Zyklus der Natur allerdings enge Grenzen gesetzt, die von den Landwirten ein hohes Maß an Flexibilität und Verständnis für die Natur voraussetzen. So kann eine Mahd des Feuchtgrünlandes erst nach der **Brutzeit der Wiesenvögel** im Juli erfolgen (ab Seite 89). Eine erfolgreiche Kükenaufzucht der am Boden brütenden Vögel gelingt nur, wenn eine Bearbeitung der Flächen zwischen Ende März (erste Kiebitzgelege) und Mitte Juli (letzte Küken werden flügge) unterbleibt. Auch die bunte Vielfalt der Wiesenblumen kann nur so blühen und Samen ausbilden.

Das hoch anstehende Grund- und Stauwasser in den Schutzgebieten erschwert zudem nicht selten die Mahd auch nach der Brutzeit. In regenreichen Sommern muss dann bis August oder Anfang September auf eine günstige Wetterlage gewartet werden. Bei einer Mahd auf zu feuchtem Boden würden die landwirtschaftlichen Maschinen die emp-

Kiebitzküken kurz nach dem Schlupf – noch ist der Eizahn auf der Schnabelspitze zu erkennen.

findliche Grasnarbe aufreißen. Die Bodenoberfläche wäre dann zerfurcht und für eine spätere Mahd ungeeignet. Die Landwirte sind daher auf das Abtrocknen der Böden angewiesen. Könnte das Grünland aber über mehrere Jahre nicht gemäht werden, würden schnell **Hochstauden und Büsche** wachsen und die Flächen wären als Lebensraum für viele Wiesenvögel verloren.

ab Seite 77

Die heute in den Schutzgebieten arbeitenden Landwirte erhalten eine Vielfalt von Landschaften und Lebensqualität. Zu ihren Erträgen gehören nicht nur das produzierte Rind- und Schaffleisch, sondern auch blühende Wiesen und Kiebitzküken.

Mit Feingefühl, Beweidung und Wasser

Auch in den geschützten Gebieten ändern sich ständig die Umweltbedingungen – jahrweise (Regen, Trockenheit, Stürme), aber auch langsam über mehrere Jahre (Einwanderung von Arten, Strukturveränderungen in den Lebensräumen, Nährstoffeintrag aus der Luft). Die praktische Naturschutzarbeit vor Ort besteht daher in der jährlich neuen Feinabstimmung zwischen notwendiger Nutzung des Grünlandes einerseits und dem möglichst ungestörten Ablauf der zu schützenden Naturvorgänge andererseits.

Damit Wiesenvögel geeignete Brutgebiete und Zugvögel reichlich Nahrung finden, muss alljährlich das richtige Maß an Beweidung gefunden werden. Gleichzeitig sollen Feuchtigkeit liebende Pflanzen blühen und Kleintiere ihr Auskommen finden. Werden über mehrere Jahre hinweg zu viele Nutztiere auf den Weiden gehalten, so wird die Vegetation so kurz abgefressen, dass einige Vogelarten mit eher verborgener Lebensweise oder versteckt angelegten Nestern aus dem Feuchtgrünland verdrängt werden. Hiervon sind zum Beispiel die Brutvorkommen von Bekassine, Schafstelze und Blaukehlchen betroffen. Darüber hinaus sind die Gelege der am Boden brütenden Vogelarten bei einem erhöhten Bestand an Weidetieren gefährdet: Wie Untersuchungen zeigen, wird ein Teil der Gelege durch Rinder und Schafe zertreten – in Abhängigkeit von der Anzahl der aufgetriebenen Weidetiere.

Die Beweidung darf aber auch nicht zu gering sein, weil mit der höher aufwachsenden Vegetation sehr schnell die Vogelarten mit einer Vorliebe für übersichtliches, lückiges und kurzgrasiges Grünland verschwinden würden. In der Eidermündung wären hiervon die Brutvorkommen von beispielsweise Austernfischer, Kiebitz und Feldlerche betroffen.

Kompliziert wird die feinabgestimmte Balance durch weitere unvorhersehbare und variable Einflüsse: Da ist zunächst die Niederschlagsmenge im Sommerhalbjahr zu nennen. Neben den Nährstoffen im Boden bestimmt sie über ein schnelles Wachstum der Pflanzen und somit über die Menge des Grases und der Kräuter, die von den Weidetieren bis zum Abtrieb im Herbst gefressen werden können. Bei einer zu geringen Beweidung bleibt nach einem regenreichen Sommer oft viel Pflanzenmasse auf den Weiden. Eine Lösung erscheint einfach: Der Landwirt könnte kurzfristig mehr Weidetiere im Spätsommer nach der Brutzeit auftreiben. Dies wird von Seiten des Naturschutzes auch gewünscht. Aus betrieblichen Gründen ist es für einen Landwirt aber oft nicht möglich, einige Weidetiere in der Hinterhand zu haben, um sie bei Bedarf im Naturschutzgebiet einsetzen zu können.

Schwierig ist auch der Erhalt eines hohen Grundwasserspiegels im Grünland. In den Schutzgebieten stellt sich immer dann eine besonders große Vielfalt von Leben ein, wenn es gelingt, das im

Bunte Mähwiese auf den Eiderdammflächen

Winterhalbjahr gesammelte Regenwasser im Boden oder als offenes Flachgewässer bis ins Frühjahr hinein zu halten. Mit dem verstärkten Wachstum der Pflanzen und der steigenden Verdunstung im April und Mai trocknen die Böden ab und die Flachgewässer fallen in der Regel trocken. Der hohe Wassergehalt im Boden führt im Frühjahr dazu, dass sich das Wachstum der Pflanzen verzögert, da sich der wassergetränkte Boden nur langsam erwärmt. So entstehen Lücken in der Vegetation, die im Sommer erst allmählich wieder von Pflanzen bedeckt werden und die einer Vielzahl von Kleinlebewesen einen lichtdurchfluteten Lebensraum bieten. Für die kleinen Krabbler wirken diese kahlen Stellen wie Lichtungen in einem Wald aus Gräsern. Es verwundert somit nicht, dass sich hier viele Vogelküken einfinden, um das reiche Nahrungsangebot zu nutzen.

ab Seite 97

Auch die Gänseschwärme gehören zum Konzept der Grünlandpflege in der Eidermündung: Mehrere Zehntausend **Gänse** fressen in den Schutzgebieten im April und Mai das erste Grün nach dem Winter, um sich Fettreserven für den langen Zugweg in die arktischen Brutgebiete anzulegen. Die Gänse fressen die Vegetation kurz. Da die geschützten Flächen im Frühjahr nicht gedüngt werden, verlangsamt sich das Wachstum der Vegetation in dieser Zeit zusätzlich. Langsames Wachstum ist die Voraussetzung dafür, dass konkurrenzschwache, seltene Pflanzen in diesem Lebensraum wachsen können. Für die Weidenutzung ergibt sich hieraus, dass die Nutztiere erst im späten Frühjahr, meistens im Mai, und in geringer Anzahl aufgetrieben werden können. In trockenen Sommern jedoch profitieren die Nutztiere auf den Grünländern von der höheren Bodenfeuchte, die dann den Pflanzen günstigere Wachstumsbedingungen bietet.

ab Seite 100

Artenreiche Vegetation

Die Lebensfülle im Feuchtgrünland ist vor allem zu den **Zug- und Brutzeiten** der Vögel überwältigend, die den Schutzgebieten an der Eidermündunge ihren international bedeutenden Wert geben. Nicht weniger schützenswert sind aber auch die eher unauffälligen Dinge: Es krabbelt, quakt und summt überall. Auch die Menge der Blütenpflanzen ist – besonders auf Mähwiesen im Sommer – beeindruckend. Oft sind grüne Pflanzen (Süß- und Sauergräser) bestandsbildend, deren Artenvielfalt sich erst bei genauerem Hinsehen offenbart. Auf den trockeneren Flächen innerhalb des Feuchtgrünlandes prägen Gräser wie Wolliges Honiggras, Wiesen-Kammgras, Deutsches Weidelgras, Wiesen-Lieschgras, Wiesen-Schwingel und Wiesen-Fuchsschwanz das Bild.

„Mesophiles Grünland" wird ein naturschonend genutztes Grünland an mäßig trockenen bis mäßig feuchten Standorten genannt. Es ist bei nur sparsamer Düngung artenreich ausgebildet mit vielen krautigen Pflanzenarten wie Rot-, Weiß- und Hornklee, Rotem Zahntrost, Wiesen-Platterbse, Gemeiner Brunelle, Vogel-Wicke oder Großem

Hornklee

Flatterbinsen im Feuchtgrünland

Klappertopf. Großflächig sind diese Pflanzen auf den Eiderdammflächen, im Nullgebiet und im Oldensworter Vorland vorhanden. Seltener ist der küstentypische Erdbeer-Klee zu finden.

Gänse-Fingerkraut

Auf Dauergrünland, das von Überflutungen oder Stauwasser geprägt ist, bilden sich Flutrasen. Diese werden überwiegend von Grasarten gebildet, die Überflutungen und Staunässe tolerieren können wie Weißes Straußgras und Knick-Fuchsschwanz. Zu finden sind aber auch kleinwüchsige Binsen wie Kröten-Binse und Blaugrüne Binse, die im Sommer in den jetzt ausgetrockneten Flachgewässern schnell einen großen Anteil der Vegetation bilden können. Als begleitende Kräuter sind zum Beispiel Kriechender und Gift-Hahnenfuß und Gänsefingerkraut zu nennen. Vor allem das Gänsefingerkraut breitet sich auf von Gänsen aufgesuchten, kurzrasigen Weiden rasch aus, da es nicht von den Vögeln (und den Weidetieren) gefressen wird. Auch die giftigen Hahnenfußarten werden von den Weidetieren gemieden.

Im Gegensatz zum zeitweilig überstauten Flutrasen bezeichnen Botaniker die vom Grundwasser geprägte Wiesengesellschaften als Feuchtgrünland. Neben den bereits erwähnten Nässe ertragenden Gräsern können hier Pflanzen wie Kuckucks-Lichtnelke, Wasser-Schwaden und Rohr-Glanzgras, Gewöhnlicher Beinwell, Ufer-Wolfstrapp oder die Sumpfschwertlilie auftreten. Wunderschön anzusehen ist der Blütenaspekt des Wiesen-Schaumkrauts in den Feuchtsenken des Oldensworter Vorlandes im Frühjahr. Auf überstauten Weiden können Ampferarten wie Fluss- und Knäuel-Ampfer dominieren. Die Übergänge zu den **Pflanzengesellschaften der Röhrichte oder der Gewässer** Seite 69, 72 sind hier fließend. Gelegentlich dominieren hochwachsende und konkurrenzstarke Pflanzen das Grünland bei zu geringer Beweidung, beispielsweise Disteln, Schilf, Weiden oder Flatterbinse und Zottiges Weidenröschen. Diese Pflanzen können auf (feuchten) Viehweiden schnell hohe, dichte Bestände bilden, die wiederum die Zielarten des Naturschutzes hier verdrängen. Wie erwähnt, wird dann in den Schutzgebieten zugunsten seltener Pflanzen (und Tiere) mit einer Mahd, mit dem Mulchen der Vegetation oder mit einer verstärkten Beweidung eingegriffen.

Wiesen-Schaumkraut

Nasses Grünland bevorzugt

Die Knäkente ist mit weniger als 400 Gramm ein Leichtgewicht unter den Gründelenten. Sie ist ein Zugvogel, der unter anderem in den Flussmündungen Westafrikas überwintert. Weisen die Grünländer an der Eider im Mai noch hohe Wasserstände auf, so versuchen bis zu 30 Paare hier zu brüten – das ist ein Zehntel des Landesbestandes Schleswig-Holsteins. Nach regenarmen Frühjahren mit niedrigen Wasserständen liegt der Brutbestand deutlich niedriger.

In der Eidermündung treffen die ersten Knäkenten in der Regel Mitte März ein, das Gros des Bestandes folgt im April. In dieser Zeit leuchtet der kräftige, helle Überaugenstreif des Männchens besonders auffällig. An ihm ist die Art eindeutig zu erkennen. Die Weibchen weisen hingegen die typische Tarnfärbung aller Schwimmenten auf. Sie sind nicht leicht von dem noch etwas kleineren Krickenten-Weibchen zu unterscheiden. Die Knäkente ist eine der Charakterarten des Feuchtgrünlandes im Katinger Watt. An den Beobachtungshütten 49 im Naturinformationsareal ist die Art im Frühjahr gut zu beobachten. In den flachen Staugewässern suchen die Enten überwiegend an der Oberfläche nach Nahrung, sie „seihen“ – wie Biologen es nennen – auf der Suche nach Wasserpflanzen und Kleintieren.

Seite 53

Dichtes Schilfröhricht

Stille Wasser, laute Sänger

Selbst im Sommer frischt es an der Küste oft kräftig auf. Am Katinger Priel rüttelt dann ein starker Westwind an Weidenbüschen und Schilfröhricht. Das Röhricht biegt sich in wellenförmigen Bewegungen und verursacht durch das Aneinanderreiben unzähliger Schilfhalme eine beeindruckende Geräuschkulisse. Und doch, ein nur etwa 11 bis 13 Gramm wiegendes Leichtgewicht, der Teichrohrsänger, turnt durch die Welt aus senkrechten Halmen und übertönt mit seinem kräftigen, kontinuierlichen Gesang die lärmende Vegetation. „Tschir-tschir-tschir-reed-reed-ried-ried-ried“. Wer in dieser eigentümlichen Welt aus einem Gewirr von Pflanzenstängeln über dem Wasser lebt, hat sich auf vielfältige Weise angepasst.

Schilf – hochwüchsig, ausdauernd und vermehrungsfreudig

Das Schilfrohr ist ein weltweites Erfolgsmodell der Natur. Es wächst an fast allen nassen, lichtdurchfluteten Standorten wie den Uferzonen von Tümpeln, in Gräben, selbst im brackigen Wasser und unter Einfluss der Tide. Die Pflanze bildet oft dichte, zusammenhängende Säume – das Schilfröhricht, auch Ried oder Reet genannt. Die Röhrichte in der Eidermündung werden häufig von nur dieser Grasart gebildet. Erst bei genauerer Betrachtung des Pflanzendickichts fallen Unterschiede im Wuchs und in der Dichte der Halme auf. Das kräftigste Schilf wächst in der Regel im Gewässer, wird zum offenen Wasser hin aber im Einflussbereich von Wind und Wellen schütter.

Die landseitigen Pflanzen sind hingegen kleinwüchsiger mit deutlich dünneren Halmen (Landschilf). Je nach Standort können im Reet weitere hochwüchsige, grasähnliche Pflanzenarten wie Strandsimse, Breit- und Schmalblättriger Rohrkolben, Rohr-Glanzgras, Binsen- oder Seggenarten auftreten. Farbige Blüten sind hier selten – allenfalls die kleinen violett-gelben Blüten des Bittersüßen Nachtschattens behaupten sich gelegentlich im Gewirr der braungrünen Halme.

Vielfältiges Leben im Verborgenen

Das Schilfröhricht ist besonders reich an Kleinlebewesen, was hauptsächlich mit dem ruhigen Wasser, der amphibischen Übergangszone zum Land und den vielen Versteckmöglichkeiten zusammenhängt. Viele der Lebewesen kommen aus dem Wasser ins Reet. Mit bloßen Augen sind Strudelwürmer (*Turbellaria*), Schlamm- und Tellerschnecken, Egel (*Hirudinea*), Wasserasseln, Flohkrebse der Gattung *Gammarus*, viele Arten von Wasserwanzen, Wasserkäfern, Libellen und Köcherfliegen (*Trichoptera*), die Schlammfliege oder die Maifliegen (*Bibionidae*) zu erkennen. Letztere können millionenfach im Mai und Juni in dichten, schwarzen Trauben an den Schilfhalmen sitzen.

Das Schilfrohr selbst ist bei einer Reihe von Pflanzenfressern begehrt, unter anderem bei mehreren Arten von Nachtfaltern, aus deren gut getarnten Raupen stets braungraue, unscheinbare Schmetterlinge schlüpfen. Einer von ihnen ist der Rohrbohrer, dessen Raupen nicht offen am Blattwerk fressen, sondern versteckt vor hungrigen Schnäbeln in Bodennähe innerhalb der Pflanzenstängel leben. Hier überwintern sie zweimal, um im Juni des dritten Jahres zum Jungfernflug zu starten.

Rohrweihe – die typische Greifvogelart der Röhrichte

Auch einige Rohrkäferarten (*Donaciinae*) haben sich auf das Leben mit dem Schilfrohr spezialisiert. Die Käfer sind im Sommer auf den Schilfblättern zu finden. Die Eier jedoch werden von den Weibchen unter Wasser in das Pflanzengewebe gelegt. Genial ist ein Trick der Käferlarven, die innerhalb der Wirtspflanze deren Luftleitungen anzapfen, um an Sauerstoff zu gelangen. So kann die Käferpuppe unter Wasser bleiben, und erst der verwandelte Jungkäfer krabbelt später wieder an Land.

Artenreiche Vogelwelt

Die reiche Nahrungsbasis und die guten Versteckmöglichkeiten sind Gründe für eine artenreiche Vogelwelt im Röhricht. Wasservögel wählen das Röhricht als Nistplatz, um die Nester vor hungrigen Säugetieren zu verstecken. Füchse, Marder oder Wanderratten suchen das Pflanzengewirr im Wasser in der Regel erst in größerem Umfang auf, wenn sinkende Wasserstände die Ufer trocken fallen lassen. So hatten Blässrallen in den Jahren 2000 bis 2007 bis zu 250 Brutreviere in der Eidermündung. Die Art baut ihr Nest in der Regel am äußeren Rand des Röhrichts in Nähe zum offenen Wasser. Auch Zwergtaucher (ca. 30 Rp. = Revierpaare) und Haubentaucher (bis 36 Rp.) legen ihre Nester überwiegend am Schilfrand mit Zugang zum freien Wasser an. Die Nester werden oft nur leicht an untergetaucht lebenden Pflanzen oder an wenigen Pflanzenhalmen verankert, sodass sie bei schwankenden Wasserständen etwas mitschwimmen können. Im Röhricht mit den stärksten Schilfrohrpflanzen und der höchsten Halmdichte leben Rohrdommel (ein bis fünf Rufer), Rohrschwirl (bis 2 Rp.), Teichrohrsänger (bis 180 Rp.) und Bartmeise (bis 12 Rp.). Als einziger Greifvogel brütet die Rohrweihe regelmäßig hier (bis 13 Rp.). Der Grenzbereich des Röhrichts zum Landschilf wird oft von Schilfrohrsänger (ca. 200 Rp.), Blaukehlchen (bis 19 Rp.), Wasserralle (bis 12 Rp.) und Rohrammer („Rohrspatz", ca. 350 Rp.) genutzt.

Die Arten haben sich in vielfältiger Weise in Körperbau und -farbe und in ihrem Verhalten an den einzigartigen Lebensraum angepasst. Fast alle Arten sind mit bräunlichen Federkleidern gut getarnt. Das Paradebeispiel ist die recht große Rohrdommel, die sich fast unsichtbar macht, indem sie ihren Körper, Hals und Schnabel bei Gefahr lang gen Himmel streckt und so als Röhricht getarnt verharrt (Pfahlstellung, siehe rechts oben). Wenn dann der Wind die Halme bewegt, wiegt sich auch der Vogel hin und her. So verschwindet selbst das etwa 80 Zentimeter große Tier im Röhricht vor den Augen des Betrachters.

Männliche Bartmeise

In einer Welt aus senkrechten Halmen

Rohrdommel

Teichrohrsänger

An das Leben zwischen den senkrechten Halmen im Röhricht ist der Teichrohrsänger gut angepasst: Sein beigegelbbraunes Gefieder tarnt ihn im gleich gefärbten Schilf, während sein lauter, stark rhythmischer Gesang mit ratternden und knarrenden Gesangseinlagen weit hörbar ist 48. Dies ist notwendig, denn das Gewirr der Schilfhalme bildet bei Wind eine starke Geräuschkulisse. Der Teichrohrsänger ist eine der Charakterarten von artreinen Schilfgebieten. Er bevorzugt hohe und dicht stehende Bestände aus Altschilf mit 200 bis 300 Halmen pro Quadratmeter. Hier wird auch das zwischen den Halmen hängende Nest in vor Hochwasser sicherer Höhe gebaut.

Seite 53

Teichrohrsänger zählen zu den Langstreckenziehern, die in West- und Zentralafrika überwintern, Anfang Mai bei uns erscheinen und in Mitteleuropa bereits Ende Juli oder Anfang August wieder mit dem Wegzug beginnen. Dennoch schaffen es die Vögel, zwei Bruten im Jahr aufzuziehen. Dies ist nur dank des außerordentlichen Reichtums der Altschilfbestände an nahrhaften Insekten und kleinen Schnecken möglich. Auf den Nahrungsreichtum weisen auch die selbst für Singvögel kleinen Reviere von 300 bis 500 Quadratmetern hin. Diese betriebsame Enge im Schilf bleibt nicht ohne Folgen: Verlockungen in der Nachbarschaft lassen die partnerschaftliche Treue der Vögel schwinden.

Männchen der Gemeinen Heidelibelle

Im Reich der Wassernymphen

Viele Sagen, Märchen und Mythen spielen an Gewässern. Da gibt es verführerische Nymphen, badende Göttinnen, Wassergeister oder Nixen, die an einer Vielzahl unterschiedlicher Gewässer wie Quellen, kühl-dunklen Waldseen oder nebligen Moorgewässern wohnen. Heute ist unser Umgang mit dem Wasser weit nüchterner, von den Mythen ist wenig geblieben. Und doch, wer sich einige Morgenstunden lang Zeit nimmt, um ruhig an einem Gewässer zu sitzen und den aufsteigenden Nebeln nachzuträumen, der spürt noch etwas von den einstigen Mythen.

Wissenschaftler haben bei der Namensgebung von Muscheln und Insekten oft Anleihen in der alten Mythologie gemacht. So werden Insektenlarven, bei denen bereits die Anlagen der Flügel zu erkennen sind, Nymphen genannt. Libellen- oder Eintagsfliegenlarven gehören hierzu. Auch ausgewachsene **Libellen** tragen oft den Namen „Jungfer".

Seite 127

Tümpel – Wasserleben auf Zeit

Im Feuchtgrünland an der Eidermündung finden sich viele verschiedenartige Kleingewässer: Sümpfe aus Regen- oder brackigem Qualmwasser, Regenpfützen, Überschwemmungstümpel und Teiche. Viele der größeren Gewässer in den Schutzgebieten wurden durch Staue künstlich geschaffen.

Ein Tümpel ist ein stehendes Gewässer, das oft nur kurzzeitig Wasser führt, manchmal aber auch über einige Monate vorhanden bleibt. Im Gegensatz hierzu führen Teiche und Weiher permanent Wasser. Die oft flachen Tümpel in den Schutzgebieten der Eidermündung sind ein extremer Lebensraum, der sich tagsüber durch Sonneneinstrahlung aufheizt und nachts durch die Wärmeabstrahlung deutlich abkühlt. Hinzu kommen Schwankungen im Sauerstoff- und Salzgehalt. Mit dem Verdunsten an der Oberfläche des häufig brackigen Wassers im Sommer nimmt der Salzgehalt zu. Ein extremes Ereignis ist aber zweifellos das vollständige Austrocknen im Sommer. Ein Tümpel wird somit in den Wasserphasen jeweils neu besiedelt – beispielsweise von flugfähigen Wasserkäfern und -wanzen oder von Mücken(larven). Der Nachwuchs einiger Winzlinge wie der der Wasserflöhe kann nach dem Tod der Elterntiere in Dauereiern im ausgetrockneten Schlamm überleben.

Ein Leben auf Zeit: Tümpel im Vorland „Grüne Insel" mit blühendem Salz-Wasserhahnenfuß

Trockenrisse am Boden eines temporären Gewässers

Auch Wirbeltiere können zeitweise in Tümpeln leben. So wandern mitunter Zwergstichlinge nach Regenfällen selbst in kleinste Flachgewässer, um hier zu laichen. Nach starken Niederschlägen sucht sich das überschüssige Wasser über kleine Rinnsale einen Weg aus den stehenden Gewässern. Dem überlaufenden Wasser schwimmen die Kleinfische entgegen, um in die sonst unerreichbaren Tümpel zu gelangen. Dies ist mit einem hohen Risiko verbunden. Nicht selten wird der Rückweg mit dem fallenden Wasserstand abgeriegelt. Sind die Fische in einen Tümpel geschwommen, der in den Sommermonaten vollständig austrocknet, sterben sie alle oder werden leichte Beute von Vögeln.

Moor- und Grasfrösche vermehren sich ebenfalls in Tümpeln. Und auch sie starten – wie die Zwergstichlinge – im Frühjahr einen Wettlauf gegen den sinkenden Wasserstand. Eine erfolgreiche Vermehrung gelingt den Fröschen oft nur in niederschlagsreichen Frühjahren, denn sie benötigen eine mehrmonatige Zeitspanne vom Laichen der Alttiere im März bis zur vollständigen Umwandlung der Kaulquappen im Juni. Warum gehen diese Tiere ein so großes Risiko ein? Der wesentliche Grund ist das Fehlen der größeren Fische, die in einem Gewässer den Kleintieren, aber auch der Fischbrut oder den Kaulquappen massiv nachstellen.

Serengeti auf den Eiderdammflächen

Das **Gewässer am Aussichtsturm auf den Eiderdammflächen** 29 ist ein Beispiel für einen großflächigen, flachen Tümpel. Von den Wintermonaten bis weit ins Frühjahr hinein halten sich hier Wasser- und Watvögel auf. Andere Vogelarten schlafen regelmäßig im Flachwasser oder ruhen hier, solange die Flut das nahe Wattenmeer bedeckt. Im Sommer trocknet das Gewässer langsam aus. Wenn dann die Herde der Angus-Rinder oder die Shetland-Ponys in der Mittagshitze im restlichen Wasser stehend Abkühlung suchen, entsteht mit etwas Phantasie ein Bild wie an den Wasserlöchern in Afrika. Säbelschnäbler führen ihre Küken an den Wasserrand, gelegentlich lassen sich auch Sand- oder Seeregenpfeifer sehen. Wenn der Boden im Gewässer Trockenrisse zeigt, dauert es nicht lange, bis sich kleine Binsenarten auf dem Gewässerboden ansiedeln. Es sind Kröten- und Frosch-Binsen, die den grauen Sandboden in manchen Jahren ergrünen lassen.

Sind ausgetrocknete Gewässer ein Problem für die Natur?

Die ökologischen Wechselbeziehungen in Gewässern sind komplex und nur schwer in Kürze zu beschreiben. Einige der Tümpel sind reich an Nährstoffen. Im Sommer kommt es hier zu einer massenhaften Entwicklung von Plankton, mikroskopisch kleinen Pflanzen und Tieren, die frei im Wasser schweben und dieses trüben. Das pflanzliche Plankton produziert tagsüber viel Sauerstoff. Nach dem natürlichen Absterben allerdings führen die Kleinalgen zur Bildung von Faulschlamm am Gewässergrund, der in Senken manchmal mächtige Ablagerungen bildet. Vom Abbau dieser organischen Abfälle lebt eine Vielzahl kleiner Organismen. Zersetzungsprozesse können dann den Sauerstoff im Wasser aufzehren, sodass viele Wasserinsekten, Muscheln und Fische nicht überleben können.

Seite 44

Fällt ein Gewässer jedoch im Laufe eines Jahres trocken oder wird das Wasser eines Teiches abgelassen, dann können die organischen Bestandteile im Schlamm durch Luftsauerstoff abgebaut werden.

Weite, wasserreiche Landschaft der Eiderdammflächen

ab Seite 36

Im Katinger Watt wird unter anderem das große **Gewässer im Nullgebiet** (28) im Sommer nach der Brutzeit für Wochen abgelassen, denn nur so ist es in dem stets feuchten Gebiet möglich, einmal im Jahr die Wiesen zu mähen. In dieser Zeit wird auch ein Teil der Nährstoffe am Gewässergrund abgebaut. Für Besucher sind vor allem die ersten Tage nach dem Ablassen des Gewässers interessant, da dann eine Vielzahl von Watvögeln auf dem trocken fallenden, noch feuchten Gewässerboden nach Nahrung suchen.

Seite 52, 99

beide Seite 40

ab Seite 51

Im Gegensatz zu den beschriebenen Tümpeln führt der Katinger Priel (25) ganzjährig Wasser. Dieser ehemalige Priel in der Flussmündung entwickelte sich nach der Eindeichung allmählich zu einem Süßgewässer. Über ihn wird **ein großer Teil Eiderstedts entwässert**. Die Ökologie dieses großen, permanenten Gewässers unterscheidet sich in vielen Faktoren von einem Tümpel. Trotz großer Schwankungen des Wasserstandes mit einem Maximum (+5,00 m Pegelnullpunkt) zur Brutzeit und einem Minimum (+4,20 m PNP) im Winterhalbjahr entspricht die Ökologie eher der eines Teiches. So kommt es in manchen Jahren Ende Mai oder Anfang Juni zur massenhaften Entwicklung von Wasserflöhen, die mit großem Appetit die Einzeller und Schwebstoffe aus dem Gewässer filtrieren. Infolgedessen klart das Wasser auf. Im nun lichtdurchfluteten Wasser können höhere Pflanzen wie Zwerg-Laichkraut und Sumpf-Teichfaden wachsen, die wiederum eine begehrte Nahrung für Wasservögel sind. Vor allem Blässrallen- und Entenfamilien, aber auch Schwäne finden sich im Juni und Juli auf den Gewässern ein, gefolgt von einer Vielzahl an **Mauservögeln** im Juli und August. In nährstoffreichen, stark von Plankton, Blaualgen und Faulschlämmen getrübten Gewässern fällt diese Artenfolge in der Regel aus.

Löffelentennachwuchs (oben) und Löffelentenerpel (links) bei der Körperpflege

Kleiner Macho – großes Herz

Flache Tümpel und kleine Rinnsale, in denen überschüssiges Wasser abläuft, sind typisch für das Feuchtgrünland an der Eider. Nicht selten trocknen diese Kleingewässer in den Sommermonaten vollständig aus. Kein Lebensraum für Fische? Weit gefehlt: Einer der kleinsten heimischen Fischarten, der Zwergstichling, gelangt vor allem nach Regenfällen über kleine Wasserrinnen bis in die flachsten Pfützen. Die Art wird in der Regel vier bis sieben Zentimeter lang und ernährt sich von kleinen Krebsen und Insekten, zum Beispiel Mückenlarven. Im Gegensatz zum verwandten Dreistacheligen Stichling meidet der Zwergstichling das Salzwasser des nahen Wattenmeeres weitgehend, dringt aber bis in die Brackwasserzone vor und ist auch in den Gräben Eiderstedts weit verbreitet.

Der unauffällige Fisch meidet das offene Wasser großer Gewässer und versteckt sich stattdessen bevorzugt zwischen Wasserpflanzen und am Gewässerboden. In krautreichen, auch schlammigen Kleingewässern fühlt er sich besonders wohl. Berühmt sind Stichlinge aufgrund der Brutpflege der Männchen, die bei anderen heimischen Fischarten selten ist. Ein Stichlingsmännchen besetzt ein Territorium (April bis August), das es gegen alles, was sich bewegt, verteidigt. Es wirbt um die laichbereiten Weibchen mit einem verführerischen Tanz – verliert aber sofort das Interesse an ihnen, sobald sie die Eier in sein Nest gelegt haben. Fortan pflegt und schützt es das Gelege bis zum Schlupf des Nachwuchses nach zehn bis 20 Tagen. Es ist angriffslustig, verfügt aber nur über wenig wehrhafte, kleine Stacheln – mit fatalen Folgen: Prall mit Zwergstichlingen gefüllte Mägen von Aalen zeigten, dass diese den kleinen Stachelrittern in der Eidermündung erfolgreich nachstellen.

Die größte Wühlmaus der Welt

Der Bisam ist seit 1905 Neubürger in Europa. Tiere aus Nordamerika wurden damals bei Prag zur Pelzgewinnung ausgesetzt. Die Art konnte sich in der Folge über weite Teile Europas ausbreiten. Zoologisch sind die Nager mit den Wühlmäusen verwandt und haben somit nur wenig mit einer Ratte gemein. Der Name „Bisamratte" ist irreführend und vermutlich dem langen, seitlich abgeflachten Schwanz des Tieres geschuldet, der beim Schwimmen als Antrieb dient.

Für eine Wühlmaus ist der lange Ruderschwanz außergewöhnlich und eine Anpassung an die Lebensweise im Wasser. Bei uns bewohnen Bisame überwiegend Erdbaue in Gewässerufern. Der Eingang zum Bau liegt dabei stets unter der Wasserlinie. Ihre Grabtätigkeit macht die Tiere oft unbeliebt, da unterhöhlte Uferböschungen und Straßen unter Traktoren und anderen schweren Landmaschinen einstürzen können. Bei hohen Wasserständen und in flachen Gewässern legen die Tiere bis etwa zwei Meter hohe Burgen aus Pflanzenteilen an, deren Eingang wiederum unter der Wasseroberfläche liegt. Um diese Bisamburgen entstehen breite Burggräben. Vor allem in dichten Röhrichten finden sich dort sonnenliebende Wasserinsekten, Kleinfische und Amphibien ein. Auf den hochwassersicheren Burgen brüten regelmäßig Wasservögel.

Bei uns bekommen Bisame meist ein- bis zweimal im Jahr Junge (durchschnittlich sechs bis sieben Junge pro Wurf). Sind die Verluste hoch (z. B. durch Fang), so erhöht sich die Fruchtbarkeit und die Geburtenrate der Tiere; junge Weibchen gebären dann früher. Zudem wandern verstärkt Tiere aus der Umgebung ein. So können bis zu drei Viertel der Bisame eines Gebietes getötet werden, ohne dass dies eine deutliche Auswirkung auf den Bestand hat – entsprechend bleiben viele Bekämpfungsmaßnahmen gegen die Wühler zum Schutz von Grabenufern und anderen wasserbaulichen Einrichtungen erfolglos.

Eine Bisamburg im Uferbereich der Eider

Aufkommende Weidengebüsche in Nähe des Aussichtsturms

Die natürliche Entwicklung von Lebensräumen

Unsere Umwelt verändert sich ständig. Lässt der Mensch der Natur freien Lauf, dann kommt es zu einer vom Menschen ungelenkten Selbstentwicklung, ein Vorgang, der Sukzession genannt wird. Die leblose Umwelt und die Lebensgemeinschaften in ihr entwickeln sich gemeinsam über einen längeren Zeitraum von einem Pionierstadium zu einem sich selbst erhaltenden (End)Stadium, in dem bedeutende Veränderungen ausbleiben. Die Entwicklung hat somit eine Richtung. Es ist auch die leblose Umwelt, die letztendlich über das Ergebnis dieses Vorgangs entscheidet. Der Gezeitenbereich der Nordsee, Moore oder die Auwälder an Flussauen bilden typische Resultate bei einer natürlichen Entwicklung.

In Mitteleuropa wäre der natürliche Endzustand oft ein Wald. Äußere Einflüsse steuern die Richtung der Sukzession, beispielsweise der Wasserhaushalt im Boden, die Bodenstruktur und -nährstoffe, das Klima oder die geografische Lage. Selbst innerhalb eines Waldes entstehen so mit der Zeit eine Vielzahl unterschiedlicher Lebensräume. Am schattigen Nordhang eines Berges wäre dies ein anderer als in einer nassen Talsenke, an einem Bach oder auf einer Lichtung. Die Natur hat für jeden Standort vielfältige Antworten parat, d. h. Pflanzen- und Tierarten, die an spezifische Standortbedingungen angepasst sind.

Seit langer Zeit greifen Menschen in dieses Gefüge ein, um die Umwelt ihren Bedürfnissen anzupassen. Sie sprechen dann (nicht ganz wertfrei) von einer Kulturlandschaft. Diese wird heute oft im Gegensatz zur Naturlandschaft gesehen. Doch über Jahrhunderte waren die Übergänge zwischen beiden fließend und sind es teilweise auch heute noch. Ein Landwirt, der einen Wald rodet, um **Viehweiden** und Felder zu erhalten, bekommt ja zunächst nichts Unnatürliches, sondern einen Ausschnitt der vorgegebenen Möglichkeiten. Fährt allerdings der Landwirt mittels Kunstdünger, Gentechnik, Beton und Giften weiter fort in seiner „kulturellen“ Leistung, dann ist das monotone Resultat schließlich weit entfernt von der einstigen natürlichen Vielfalt. Was zunächst über viele Jahrtausende die Lebensvielfalt steigerte, kann so in einer EU-genormten „Kultur“pflanze enden.

ab Seite 64

Tägliche Vielfalt

Drehen wir den Gedanken einmal um und lassen der Natur auf einer **feuchten Mähwiese der Eiderdammflächen** die Möglichkeit, sich in Zukunft frei zu entwickeln. Schon nach wenigen Jahren wären viele lichtliebende, konkurrenzschwache Gräser und Wiesenblumen verschwunden und hätten ausdauernden, hochwüchsigen Pflanzenarten Platz gemacht. An einigen Stellen würde ein dichter Grasteppich den Boden bedecken. Daneben hätten sich spontan Röhrichte und Staudenfluren angesiedelt, die je nach Bodenfeuchte, Nährstoff- und Salzgehalt unterschiedlich aussehen würden. In staunassen Bereichen wären Schilf, Flatterbinse, Strandsimse, Rohr-Glanzgras, Sumpf-Kratzdistel und Sauergräser anzutreffen. An trockeneren Stellen würden sich neben verschiedenen Grasarten

ab Seite 45

Auf ausgesüßten Viehweiden stellen sich an den Ufern der Eider Disteln, wie die Gewöhnliche Kratzdistel, ein.

ab Seite 80

wie dem Rohrschwingel hochwüchsige Disteln, Acker-Gänsedistel, Vielblättrige Lupine und Zottiges Weidenröschen einstellen. An nährstoffreichen Standorten kämen Pflanzenarten wie Große Brennnessel, Kletten-Labkraut und als Pioniergehölz der Schwarze Holunder hinzu. Nach Jahren würden sich in der Staudenflur weitere holzige Pflanzen wie Weiden, Schwarz-Erle, Weißdorn und Hundsrose ansiedeln. Die Verbreitung von Büschen und Bäumen geschieht vor allem durch Wind oder bei früchtetragenden Sträuchern über Vogelkot. Schließlich würde im Katinger Watt ein Hochwald aus Laubbäumen wie Gewöhnliche Esche, Schwarz-Erle, Weide, wohl auch Vogelkirsche, Stiel-Eiche und Berg-Ahorn entstehen.

ab Seite 89

So ganz genau wissen wir das nicht, da es in der Marsch heute keine ungenutzten, sich selbst entwickelnden Waldgesellschaften mehr gibt. Das Endstadium der Sukzession würde von Botanikern vermutlich als Erlenbruch oder Erlen-Eschen-Sumpfwald eingestuft werden.

Der Besucher der Eidermündung wird heute nur verstreute kleine Bestände der genannten Sukzessionsstadien entdecken. In der Regel haben sich diese hier allerdings nicht natürlich entwickelt, sondern sind aus **Aufforstungen und Anpflanzungen** hervorgegangen.

Wohin soll die Reise gehen?

Ein Menschenleben reicht nicht aus, um den Vorgang einer natürlichen Sukzession vom Beginn bis zum Endstadium mitzuerleben. Allerdings können wir oft – zum Beispiel im Katinger Watt – die einzelnen Sukzessionsstadien nebeneinander beobachten. Gehen wir gedanklich noch einmal zurück zur Feuchtwiese auf den Eiderdammflächen: Durch Sukzession würde über Jahrzehnte die Artenvielfalt beispielsweise der Vogelwelt deutlich steigen – nur kämen eben nicht alle Arten gleichzeitig, sondern über einen längeren Zeitraum vor. Die anfängliche **Lebensgemeinschaft der Wiesenvögel** würde durch insektenfressende Singvögel der Hochstaudenfluren wie Schafstelze, Braun- und Blaukehlchen, Feldschwirl, Sumpf- und Schilfrohrsänger oder Rohrammer abgelöst. Ihnen würden in einer lockeren Buschlandschaft unter anderem Ringeltaube, Dorn- und Klappergrasmücke, Fitis, Gelbspötter, Rabenkrähe, Stieglitz und Bluthänfling folgen. Diese wiederum würden später von Waldvogelarten abgelöst. Am Ende der Entwicklung könnte ein natürlicher Wald mit brütenden Seeadlern, Kranichen oder einer großen Kormoran- oder Graureiherkolonie, Wildschweinen, Rothirschen, Menschen, Fischotter und Bibern stehen – keine Utopie, sondern eine Vision der Möglichkeiten.

Stieglitz bzw. Distelfink beim Sammeln von Schafwolle für den Nestbau

Kobolde im Gräserdschungel

Mit höchstens 13 Gramm Körpergewicht machen die Zwergmäuse ihrem Namen alle Ehre. Mit ihrem gelbbraunen Fell sind sie in Körperform und -gestalt eine typische Maus (langer Schwanz, große Ohren und Augen). Eine Besonderheit stellt der Greifschwanz dar, mit dem sich die Winzlinge beim Klettern festhalten. Besonders beim Abwärtsklettern dient der um die Pflanzenhalme gewickelte Schwanz als Nothalt oder Balancierstange. Die Art ist ein hoch spezialisierter Halmkletterer.

Zwergmäuse bewohnen Hochstauden, feuchte Wiesen und die Übergangszone an Gewässern mit dichten Rohrglanzgras-, Schilf- und Seggenbeständen. Gelegentlich sind sie auch in den hohen Gräsern an Waldrändern und selbst in Getreidefeldern zu finden. Ihre kugelförmigen Grasnester werden in diesen dichten Pflanzenbeständen in mehr als 20 Zentimeter Höhe über dem Boden angelegt und sind so vor den gefräßigen **Spitzmäusen** oder vor hohen Wasserständen geschützt. Unter günstigen Umweltbedingungen sind die Zwergmäuse zu einer raschen Vermehrung in der Lage. Sie haben eine Tragzeit von nur drei Wochen und können zwei- bis siebenmal im Jahr Junge gebären (zwei bis sechs Junge pro Wurf). Die Jungmäuse sind nach ungefähr 16 Tagen selbstständig und nach 40 bis 50 Tagen geschlechtsreif. Massenvermehrungen kommen aber nur gelegentlich vor. Viele Fleischfresser stellen den Zwergmäusen nach – vom Mauswiesel bis zur Sumpfohreule.

Seite 117

Moosbewachsener Baumstamm im Katinger Wald

Pappellaub auf Muschelschalen

Nach der Eindeichung 1973 war in der ehemaligen Flussmündung zunächst eine Freizeitlandschaft mit einer großflächigen Aufforstung (ca. 300 ha) geplant: Ein windgeschützter Wald in der Marsch, um spazieren zu gehen. Eine Flussmündung am Meer ist allerdings ein denkbar ungünstiger Ort, um einen neuen Wald anzupflanzen, und nur mit einem erheblichen Einsatz von Finanzen und Ressourcen möglich. Hat man davon genügend, dann bleiben Fragen nach dem ökologischen Wert und danach, ob die Aufforstung an einem anderen Ort nicht sinnvoller gewesen wäre.

Nun, heute stehen die Bäume. Ein kritischer Blick sei dennoch erlaubt: Eine geordnete Ansammlung von gepflanzten Bäumen im Wattboden ist zunächst kein funktionierender Wald im ökologischen Sinn. Für das Funktionieren der feinen Wechselwirkungen von Waldklima, Wasserhaushalt, Pflanzen und Tieren sind viele Jahrhunderte der Entwicklung notwendig. Die Anlage des Waldes wurde zu Beginn der 1970er-Jahre jedoch als rein technische Herausforderung gesehen. Durch das menschlich Machbare sollte eine Vielzahl der notwendigen Schritte einer natürlichen **Sukzession** übersprungen werden. Dies bereitete den gepflanzten Jungbäumen Probleme, weil die Umwelt zum Zeitpunkt der Aufforstung noch nicht den Bedürfnissen der Pflanzen entsprach.

Seite 77

Mit der Eindeichung waren große Flächen von ehemaligem Wattboden trockengelegt worden, es kam zu Winderosion und Sandflug. Um diese zu verringern, wurden 1974 zur Bindung der oberen Bodenschicht wurzelreiche Gräser und Senf eingesät. Zuvor musste der Sandboden für eine landwirtschaftliche Nutzung und Aufforstung durch Düngungen mit Stickstoff, Kali und Phosphor vorbereitet werden. Auch musste das Salz noch dem Boden entzogen werden, damit Bäume wachsen konnten. In der gesamten Aufforstung wurden daher 1,5 Meter unter Flur Drainagerohre aus Plastik verlegt. Das so gesammelte brackige Wasser wurde in die Eider geleitet. Dies führte zu einer raschen Entsalzung des Oberbodens, sodass 1979 – fünf Jahre nach der Eindeichung – die ersten Bäume gepflanzt werden konnten. Um das Wachstum der Bäume weiter zu fördern, wurden während der Aufforstung zudem großflächig Klee und Lupinen eingebracht, da diese Pflanzen in der Lage sind, den Luftstickstoff zu binden und im Boden anzureichern.

Mehr als eine Ansammlung von Holz

Noch heute prägen die damals bevorzugt angepflanzten Baumarten Kanadische Pappel und Schwarz-Pappel, Stiel-Eiche, Schwarz-Erle, Gewöhnliche Esche und Berg-Ahorn den Wald. Weitere gepflanzte Baumarten und eine Vielzahl von Sträuchern sind Schlehe, Liguster, Weißdorn, Sanddorn, Schneeball, Hasel sowie verschiedene Rosenarten. Aufmerksame Spaziergänger werden auch exotische Sträucher wie Tamarisken, Robinien und Brombeeren mit orangefarbenen Früchten entdecken. Tamarisken sind Pflanzen der Salzwüsten.

Heute sind Pappeln und Erlen so weit aufgewachsen, dass sie abgeholzt werden können, um Pflanzungen mit sensibleren, hochwertigeren Baumarten

Pappelblatt auf Altholz

zur Holzgewinnung Platz zu machen. Diese benötigen zunächst die Hilfe der robusteren Baumarten, die ein wind-, frost- und sonnengeschütztes Kleinklima im Waldinnern schufen. Auch der Beginn einer Humusbildung und eine bessere Rückhaltung des Regenwassers im Pappelwald dürften eine Rolle spielen.

Eine große Herausforderung ist es für Tausende potenziell heimischer Pilz-, Pflanzen- und Tierarten, den isolierten Wald in der Eidermündung zu erreichen. Kein Förster sät Waldgräser und Fliegenpilze oder bringt Rötel- und Waldmäuse in den Wald. Diese müssen auf natürlichem Wege den Wald erreichen. Viele Pilzsporen und Pflanzensamen können fliegen oder lassen sich per Anhalter über Tiere in den Wald tragen. Einige Kleintiere wie Spinnen und Insekten reisen per Luftströmung oder fliegen aktiv. Aber die Eidermündung liegt weit entfernt vom nächsten Wald und nicht in der Hauptwindrichtung. Es wird Jahrhunderte dauern, bis dieser Wald einen natürlichen Artenreichtum erreicht haben wird.

Die Sänger des Waldes

Ein Spaziergänger kann im Katinger Wald viele Vogelstimmen hören. Die Artenzusammensetzung der Vögel gibt interessante Einblicke in den Wald und auch über seinen Zustand, über das, was fehlt im Vergleich zu weniger kulturbeeinflussten Wäldern. Somit ist ein genauerer Blick lohnenswert.

Wie erfasst man die Vielzahl der Vögel in einem Wald? Eine einfache Möglichkeit ist ein Linientransekt, bei dem in regelmäßigen Abständen eine festgelegte Route durch den Wald begangen wird, auf der alle angetroffenen Vögel registriert werden. Die Abbildung unten zeigt ein solches Ergebnis nach 26 Zählungen. Unter den am häufigsten

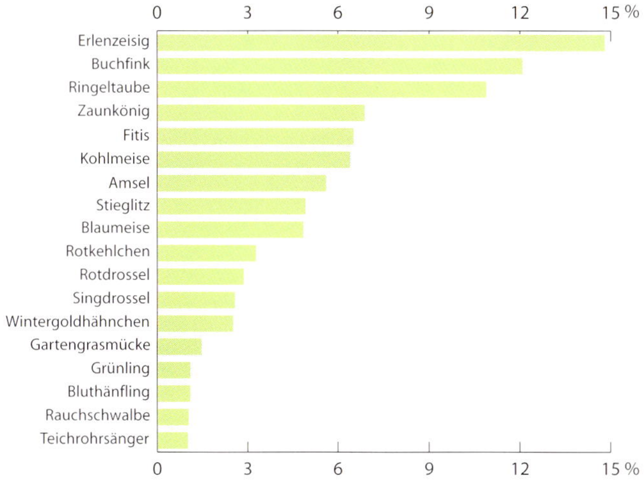

Abb. 7: Häufigkeit von Kleinvögeln im Katinger Wald (November 1999 bis Februar 2001). Dargestellt wurden nur Arten, die jeweils über ein Prozent der beobachteten Individuen erreichten. Sie repräsentieren zusammen etwa 90 % aller Vögel im Wald.

Natürlicher Kreislauf – Pilze wachsen im Altholz

beobachteten Vogelarten finden sich Gastvögel, die nicht im Katinger Wald brüten, wie Erlenzeisig, Rotdrossel, Wintergoldhähnchen oder Rauchschwalbe. In manchen Wintern können andere nicht heimische Vogelarten wie Seidenschwanz, Gimpel oder Birkenzeisig in großer Zahl im Wald auftauchen. Diese Vögel hat eine Nahrungsknappheit aus Nordosteuropa weit nach Westen geführt. Sind die reichen Beerenvorkommen in den Knicks der Geest aufgebraucht, tauchen zudem viele Vögel kurzzeitig im Katinger Wald auf, um hier Pflanzenfrüchte zu fressen.

Die Zählung dokumentiert auch die derzeit häufigsten Brutvögel des Laubwaldes wie Buchfink, Zaunkönig, Fitis, Kohlmeise und Stieglitz, die bei jedem Spaziergang allgegenwärtig sind. Viel seltener hingegen brüten Arten wie z. B. Habicht, Waldschnepfe, Waldohreule, Pirol, Eisvogel, Baumpieper, Schwanzmeise, Gartenbaumläufer, Eichelhäher oder Seeadler im Wald. Auch einige dieser Arten sind hier im Winter zu erleben.

Rotkehlchen

Blick in den Katinger Wald

Wenn Kreuzritter Blumen pflücken

Nach Eindeichung und Trockenlegung des Katinger Watts wurden die keimfreien Rohböden kurzzeitig zur Saatgutgewinnung von Gartenblumen genutzt. Aus dieser Zeit stammen drei nicht heimische Pflanzenarten, denen lokal der Sprung in die freie Natur gelungen ist.

Die Brennende Liebe gehört zu den Nelkengewächsen, die mit der Kuckucks-Lichtnelke eine heimische Verwandte in den Feuchtwiesen hat. Die Brennende Liebe stammt ursprünglich aus dem Süden Russlands, von wo sie zunächst in byzantinische und maurische Gärten gelangte. Der Legende nach waren Kreuzritter von diesen Gärten so beeindruckt, dass sie nach ihrer Rückkehr diesem Vorbild folgend eigene Pflanzungen anlegten. Der Brennenden Liebe gelang so der Weg über die Alpen (sie wird auch „Malteserkreuz“ oder „Jerusalemer Kreuz“ genannt). Diese Zierpflanze wächst heute im Katinger Watt vereinzelt in Landschilfflächen, in denen die feurigroten Blüten der aufrechten Pflanzen im Juni und Juli besonders auffallen.

Eine weitere Gartenpflanze, die blaublühende Jacobs- oder Himmelsleiter, ist heute vor allem an den Wegen im Katinger Wald zu finden (Blühzeit: Mai und Juni). Sie stammt aus den Tundren des Nordens.

Die dritte Zierpflanze ist die Mähnen-Gerste (Bild Seite 133), die vor allem auf den schwach salzhaltigen Böden der Eiderdammflächen wächst. Sie ist ein niedriges, ursprünglich aus Nordamerika und Asien stammendes Gras mit auffällig langen Grannen. Wenn sie sich im Juni im Wind wiegt, erinnert sie an die Grassteppen ihrer südrussischen Heimat. In den Salzwiesen wächst die verwandte Roggen-Gerste.

Südlicher Katinger Priel, Speicherbecken und Nullgebiet von Südwesten aus der Vogelperspektive betrachtet

Biotopverbundsystem: Genügend Umwelt zum Leben und Überleben

Wir wohlgenährten Menschen in Mitteleuropa leben heute wie selbstverständlich in einer Umwelt, die wir zu großen Teilen nach unseren Bedürfnissen gestalten konnten. Erfindungen wie Kunstdünger, Glühlampe, Stahl, Zentralheizung, Röntgenapparat oder Verbrennungsmotor veränderten uns und unser Leben radikal. Von den Wurzeln eines nackten Raubaffens haben wir uns weit entfernt. Mit starrem Blick auf unseren Fortschritt fiel es leicht, die Mitlebewesen zu vergessen. Doch auch sie haben Bedürfnisse, stellen Ansprüche an ihre Umwelt und haben ein **Recht auf Leben**. Im Unterschied zum bekleideten Zweibeiner können sie allerdings ihre Umwelt nur begrenzt selbst gestalten. Ihr Lebensraum wird vielmehr gestaltet – durch unbelebte Faktoren (Temperatur, Licht, Feuchtigkeit, Salzgehalt ...) und andere Lebewesen (Artgenossen, Pflanzenstrukturen, Beute, Feinde, Parasiten ...). Ökologen sprechen von einem Biotop und meinen die Gesamtheit dieser Einflussgrößen.

ab Seite 103

Wenn nun der Naturschutz versucht, unsere Mitgeschöpfe in einem begrenzten Raum zu erhalten, treten große Schwierigkeiten auf: Zum einen hängt alles mit allem, hängt jedes mit jedem zusammen. Es ist wie beim Kartenspiel: Entfernt man eine Karte oder mischt eine falsche hinzu, dann funktioniert das Spiel nicht. Zum anderen verändern sich die Bedürfnisse der Lebewesen innerhalb eines Jahres oder innerhalb ihres Lebenslaufs. Um existieren zu können, benötigen Tiere und Pflanzen einen Biotopkomplex. Die Lebensräume müssen so miteinander verbunden sein (Biotopverbundsystem), dass ein Wechsel zwischen verschiedenen Gebieten möglich wird.

Die Natur Natur sein lassen?

In einem großräumigen Schutzgebiet, in dem noch dynamische Naturvorgänge mit geringem Einfluss des Menschen stattfinden können, hat die Natur genügend Raum. Die „Spiele des Lebens" laufen ohne Zutun des Menschen ab – schließen ihn aber keinesfalls aus. Es ist keine Idylle, kein Paradies. Der massenhafte Tod von Pflanzen und Tieren gehört genauso zu den Naturvorgängen wie ein grausames Schicksal einzelner Organismen.

Die Idee von Nationalparken fußt auf diesem möglichst freien Spiel der Naturkräfte – auch sie bezieht den Menschen mit ein. Vor unserer Haustür, 150 Meter seewärts von Deichen und Dünen der Westküste Schleswig-Holsteins beginnt der größte Nationalpark zwischen dem Nordkap und Sizilien – das Wattenmeer. Die unmittelbar hinter dem Deich liegenden Naturschutzgebiete sind ökologisch ein Teil des Watts, auch wenn sie politisch nicht in den Nationalpark integriert sind und auch wenn in ihnen im Gegensatz zum Nationalpark zielgerichtet nur ein Ausschnitt der gegebenen Möglichkeiten in Form einer Kulturlandschaft erhalten und entwickelt wird. So sammeln sich viele Wat- und Wasservögel, die zuvor im Wattenmeer nach Nahrung gesucht haben, bei Flut auf den

Linke Seite: Highland-Rind am Katinger Priel

Überwinternde Nonnengänse auf Weideflächen im Naturinformationsareal

ab Seite 112

ab Seite 120

ab Seite 89

Hochwasserrastplätzen in der Eidermündung, und Fische wandern aus dem Nationalpark in die Flussmündung, um zu laichen. Sie werden von Seehunden und Schweinswalen verfolgt. Andererseits zeigt das Aussterben **wandernder Fischarten**, dass das Biotopverbundsystem aus Wattenmeer und Eider durch technische Barrieren unterbrochen wurde, mit denen beispielsweise Stör und Lachs nicht überleben konnten. Formal in Nationalpark und mehrere Naturschutzgebiete getrennt ergeben sie jedoch, zusammen betrachtet, einen größeren Naturraum mit besserer Schutzwirkung.

Grünlandperlen am Fluss

Im dicht besiedelten Mitteleuropa sind heute große, zusammenhängende Naturräume oder naturnahe Kulturlandschaften selten geworden. Menschliche Siedlungen, Straßen, Überlandleitungen und landwirtschaftliche Monokulturen zerstückeln die Landschaft. Das Resultat ist eine zersiedelte Landschaft. Für Naturschutzgebiete bleiben wenige unzerschnittene Räume, die heute nicht selten verstreut und isoliert liegen. Verbessern lässt sich die Situation durch Korridore zwischen den isolierten Naturräumen, über die ein Wandern der Organismen möglich wird. Ein Fluss ist hierfür ein gutes Beispiel. Die geschützten **flussnahen Grünländer an der Untereider** beispielsweise stellen ökologisch eine Einheit dar. Sie begleiten den Fluss zwischen dem Oldensworter Vorland und dem Naturinformationsareal bei Katingsiel und verbinden so die großen Naturräume des Wattenmeeres mit der Eider-Treene-Sorge-Niederung im Landesinneren. Der Fluss verbindet und ermöglicht ein Überleben selbst für Tierarten mit einem großen Raumbedarf. Seeadler (siehe rechts) und Wanderfalke sind Beispiele hierfür, aber auch der Seehund – und in einigen Jahren vielleicht wieder der Fischotter. Auch die Vogelkolonien der Küstenvögel oder die großen Brutansammlungen der **Wiesenvögel** in den verschiedenen Schutzgebieten können als Einheit mit großem Raumbedarf begriffen werden. Küstenvögel wechseln regelmäßig ihre Brutorte und benötigen daher Ausweichmöglichkeiten. Wiesenvögel sind in einer großen Brutgemeinschaft effektiver bei der Abwehr von Beutegreifern. Voraussetzung für den Erhalt der Wiesenvögel ist ein einheitliches Management der Schutzgebiete an der Untereider. Der Naturschutz konzentriert sich hier auf ein Ziel, den Erhalt des flussbegleitenden Feuchtgrünlandes mit Wiesen und Weiden, mit Röhrichten und vielen Kleingewässern und den typischen Vögeln wie Kiebitz, Feldlerche oder Krickente.

ab Seite 21

Krickentenerpel im Flachgewässer

Ihre Majestät lassen wieder grüßen ...

Im Katinger Wald bauten im Jahr 2005 erstmals Seeadler ein Nest und zogen zwei Jungvögel auf. Heute können die Adler täglich in der Eidermündung bei der Jagd auf Wasservögel und Fische beobachtet werden (Tagesbedarf: 700 Gramm Beute). Adler fressen auch regelmäßig Aas und jagen sogar anderen Vögeln deren Beute ab.

Der Brutbestand des Seeadlers war in Schleswig-Holstein gegen Ende des 19. Jahrhunderts erloschen. Nach 1945 konnten sich wieder einzelne Paare im Land ansiedeln. Das Brutvorkommen stagnierte über lange Zeit bei höchstens neun Brutpaaren, erreichte Ende der 1970er-Jahre aber ein Minimum mit nur noch vier Paaren. Damals fehlte es an ausreichend Nachwuchs, da die hohe Belastung mit Umweltgiften wie dem Pflanzen(schutz)mittel DDT und Störungen am Nistplatz (Holzeinschlag in Wäldern) erfolgreiche Bruten verhinderten. Ein beispielloser Einsatz des Naturschutzes (Verbot von Umweltgiften, Bewachung der Nester während der Brutzeit) konnte der Art so weit helfen, dass 2006 wieder rund 50 Brutpaare in Schleswig-Holstein brüteten. Von hier aus wurden zum Teil angrenzende Länder (Dänemark und die Niederlande) durch den Seeadler wieder besiedelt. Die Vögel benötigen ein großes Revier von nicht selten über Hundert Quadratkilometern. Es muss wasserreich sein und ungestörte Ruheplätze aufweisen. Die nahrungsreiche Eidermündung mit den Watten und dem flussbegleitenden Gürtel aus Feuchtgrünland bildet einen geeigneten Großlebensraum. Den Seeadlerhorst kann man gut von der Kreisstraße 41 (46) aus einsehen.

Seite 30

„Kuckuck“ ruft’s nur noch selten aus dem Wald

Seite 71

Viele Menschen kennen den markanten Ruf des Kuckucks, aber kaum jemand kennt sein Aussehen. In Mitteleuropa ist der Kuckuck die einzige Vogelart, die nie selbst brütet, sondern die Aufzucht jeweils eines Nachkommens unfreiwilligen Adoptiveltern anderer Vogelarten überlässt. Er mogelt ein kleines Ei in die Nester von z. B. **Teichrohrsänger**, Bachstelze oder Wiesenpieper. Einige der unfreiwilligen Adoptiveltern bemerken den Betrug und befördern das Kuckucksei sofort wieder aus dem Nest. Die weniger Aufmerksamen erwartet statt eigener Küken ein stets hungriges „Riesenbaby“. Denn sofort nach dem Schlupf drängt der noch blinde Kuckuck die Eier oder die Jungen des Wirtsvogels aus dem Nest, um fortan als überdimensionaler Kleinvogel die ganze Nahrung für sich zu beanspruchen.

Bei uns war er noch vor Jahrzehnten ein verbreiteter Brutvogel, der auf der Suche nach Nestern von Wirtsvögeln bis weit in die Dörfer hineinflog. Der Kuckuck gehörte zum täglichen Leben der Menschen, wurde in Kinderliedern besungen oder war im Volksglauben als Frühlingsbote für den Geldsegen zuständig. Die Art benötigt zur Brut strukturreiche, halboffene oder offene Landschaften mit vielen Kleinvögeln (als Wirtseltern) und Insekten als Nahrung. Mit der anhaltenden Ausbreitung der intensiv bewirtschafteten, strukturarmen Agrarlandschaft fehlt es dem Kuckuck heute an allem.

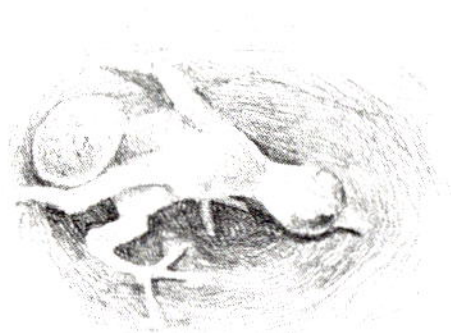

Kiebitzmännchen im Balzflug

Die Balz der Kiebitze

Schon früh im Jahr kehren einige Wiesenvögel aus ihren Winterquartieren in den Niederlanden oder Frankreich zu uns zurück. Bei Sonnenschein Ende Februar, ganz sicher aber Mitte März singen die ersten Feldlerchen und balzen die ersten Kiebitze 50 über der „Grünen Insel" und auf den Eiderdammflächen. Mit einem tiefen Atemzug ist der nahe Frühling zu spüren. Es sind in der Regel alte, erfahrene Vogelmännchen, die das lebensgefährliche Risiko eingehen und den Wetterbedingungen am Ende des Winters bei uns zu trotzen versuchen (die Weibchen folgen später). Belohnt werden sie mit den besten Revieren, denn oft gilt: Wer zuerst kommt, der behält sein Revier auch gegen Konkurrenten! Kehrt der Winter allerdings noch einmal mit Schnee und Eis zurück, so kommt es zu einer schlagartigen Winterflucht der mutigen Draufgänger. Sie flüchten dann bis zur Schneegrenze im Südwesten, um beim nächsten Tauwetter sofort erneut gen Norden zu streben. Den frühen Wiesenvögeln folgen einige Wochen später die fernziehenden Vogelarten aus den afrikanischen Winterquartieren.

Seite 30

Erste Uferschnepfen treffen bis Mitte März bei uns ein, Kampfläufer und Schafstelzen im April, Braunkehlchen im Mai. An den Küsten des Wattenmeeres zählen zu den häufigen Wiesenvögeln weitere Arten wie Austernfischer, Rotschenkel und Wiesenpieper. In den Niederungen im Landesinnern sind eher Arten wie Weißstorch, Großer Brachvogel und Bekassine verbreitet. Auch zwei Entenarten, Löffel- und Knäkente, bevorzugen als Lebensraum nasses Grünland.

Wirtschaftsgrünland – heute eine „ökologische Falle"!

Die Seemarschen im Westen Schleswig-Holsteins, wie z. B. die Halbinsel Eiderstedt, zählen zu den traditionell am dichtesten von Wiesenvögeln besiedelten Lebensräumen der Bundesrepublik. Hier gibt es große, übersichtliche und feuchte Grünlandgebiete und milde Winter. Allen Wiesenvögeln gemein ist, dass sie am Boden brüten – entweder offen in flachen Erdmulden wie Kiebitz und Austernfischer oder versteckt in höheren Gräsern wie Bekassine und Wiesenpieper. Zudem bewegen sich alle Arten zur Nahrungssuche am Boden. Sie sind somit auf eine lückige Vegetation angewiesen.

Von besonderer Bedeutung ist die Bewegungsfreiheit im Pflanzendschungel für die kleinen Küken der Nestflüchter wie Kiebitz, Uferschnepfe oder Rotschenkel. Küken dieser Arten müssen nach dem Schlupf sofort selbstständig Nahrung suchen. Geeignete Nahrung (Insekten und deren Larven) finden Wiesenvögel vor allem im feuchten Grünland mit offenem Stauwasser oder auf blütenreichen und nährstoffarmen Wiesen. Besonders begehrt sind die Schlammufer von austrocknenden Flachgewässern.

Der Versuch, diese Bedingungen in der modernen Agrarlandschaft zu finden, scheitert schnell und macht das Dilemma für Wiesenvögel deutlich: Das Wirtschaftsgrünland sieht nach der Ankunft der Brutvögel im Frühjahr als Brutlebensraum zunächst sehr geeignet aus, aber wenig später wird der Großteil der Gelege und Küken durch die intensive Bewirtschaftung (Grassilage) mit Maschinen oder von Weidetieren vernichtet.

Kiebitzgelege

Nehmen wir das Beispiel Kiebitz: Er benötigt für die Eiablage und Bebrütung eines Geleges mit vier Eiern etwa 30 Tage, für die Aufzucht der Küken bis zu deren Selbstständigkeit ungefähr weitere 40 Tage. In einem modernen Mähgrünland mit schnell wachsenden Hochleistungsgräsern und kräftiger Düngung gehen die ersten Gelege bereits bei der ersten Bodenbearbeitung (Walzen) im März oder April verloren. Sollten die Kiebitze einen zweiten oder sogar dritten Brutversuch unternehmen, ist das Schicksal dieser Nachkommenschaft spätestens unter dem Kreiselmäher bei den drei Grasernten (Anfang bis Mitte Mai, Anfang bis Mitte Juni und August) besiegelt. Sollten dennoch Kiebitzküken im Mähgrünland aus den Eiern schlüpfen, dann können sie sich kaum im hochgewachsen Gras bewegen. An ein Durchlaufen der Wiese auf der Jagd nach kleinen Insekten ist kaum zu denken. Nicht zu sprechen davon, dass in den monotonen Graszuchten deutlich weniger Insekten leben.

Alternativen gesucht

ab Seite 64
Seite 36, 45

Günstige Lebensräume für Wiesenvögel bieten grundwassernahe Weiden, die während der Brutzeit (März bis Juli) durch die fressenden Nutztiere kurzgrasig gehalten werden, sogenanntes **Feuchtgrünland**. In den Schutzgebieten der Eidermündung prägt dieser Lebensraum das Landschaftsbild. Auch blütenreiche, nährstoffarme Mähwiesen, die erst nach der Brutzeit gemäht werden, und Salzwiesen sind ideale Lebensräume für z. B. Uferschnepfe und Rotschenkel. In den Schutzgebieten der Eidermündung sind **Mähgrünland auf den Eiderdammflächen und im Nullgebiet** zu finden, unbeweidete und beweidete Salzwiesen in der Anwachszone des Dithmarscher Eidervorlandes.

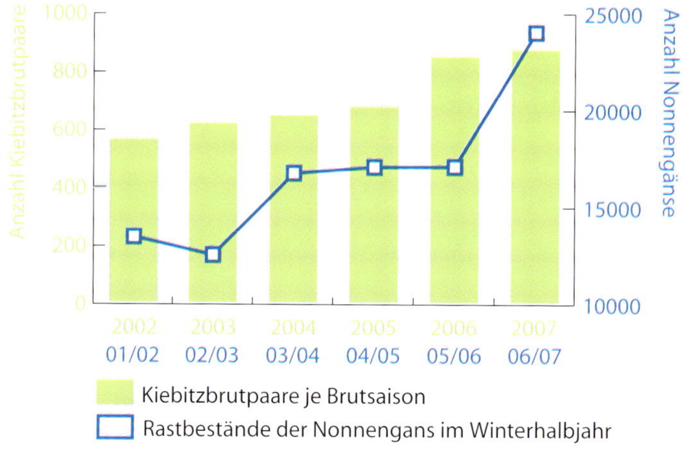

Abb. 8: Vergleich der Entwicklungen von Kiebitz-Brutbestand und Nonnengans-Rastbestand in der Eidermündung (2002 bis 2007).

Nahrungssuchende Nonnengänse im Vorland „Grüne Insel"

Durch die gezielte Förderung dieser Lebensräume besiedeln Wiesenvögel die Eidermündung heute in großer Zahl. Ein biologisches Maß hierfür ist die Siedlungsdichte – ein Wert, der die Anzahl der Paare einer Vogelart pro Fläche angibt. So zeigte eine Untersuchung am Kiebitz im Jahr 2006 die sehr dichte Besiedlung der naturschonend bewirtschafteten Wiesen und Weiden von im Mittel 12,8 Kiebitzpaaren pro zehn Hektar.* Diese Untersuchung wurde auf einer Gesamtfläche von 376 Hektar in den **Schutzgebieten** „Oldensworter Vorland", „Grüne Insel" und auf den Eiderdammflächen durchgeführt. Insgesamt brüten in den Schutzgebieten der Eidermündung zurzeit mehr als 850 Kiebitzpaare, wobei sich nach dem gezielten Grünlandmanagement in den letzten sechs Jahren ein kontinuierlicher Anstieg des Brutbestandes zeigte. Zudem hatte die Pflege der Grünlandgebiete noch einen auffälligen Nebeneffekt: Die **Zahl der grasfressenden Gänse** (siehe Abbildung links) erhöhte sich im gleichen Zeitraum ebenfalls. Mit der regelmäßigen Nutzung der Nahrungsflächen und dem selektiven Verbiss derselben Nahrungspflanzen gestalten die Gänse die Vegetation so, dass Wiesen- und Küstenvögel im Frühjahr weiträumige Lebensräume zum Brüten finden. Unter den Brutvögeln profitieren vor allem die Arten von den befiederten Mähtrupps, die offenes Feuchtgrünland mit kurzer Vegetation neben kleinen bultigen Strukturen mit etwas höheren Pflanzen für die Anlage der Nester bevorzugen. Schlüpfen die Küken, finden die kleinen Nestflüchter kurzgrasige, von der Sonne gewärmte Flächen zur Nahrungssuche und kleine Versteckmöglichkeiten auf engstem Raum. Dem Besucher bietet sich vor allem zwischen April und Anfang Mai ein faszinierendes Schauspiel: Werden die Vögel nicht gestört, bewegen sich die großen Gänseschwärme ruhig fressend zwischen den brütenden Kiebitzen oder Säbelschnäblern. Kommt eine hungrige Gans dem Nest zu nahe, reichen in der Regel Drohgebärden oder manchmal ein Scheinangriff der Vogeleltern, um diese abzudrängen. Auf intensiv von Gänsen beweideten Flächen umgibt dann ein feiner Saum aus längeren Grashalmen den Nahbereich der Vogelnester.

Wer naturschonend genutztes Grünland mit Mais-, Kartoffel- oder Rübenfeldern vergleicht, wird kaum glauben, dass Kiebitze und Austernfischer auch auf solchen Feldern brüten. Und doch: Der rohe Boden und die über Wochen spärliche Vegetation bieten den offen am Boden brütenden Wiesenvögeln geeignete Brutbedingungen. Auch hier gehen zwar alle ersten Gelege durch die Aussaat der Feldfrüchte verloren, danach verlaufen die zweiten Bruten aber oft erfolgreich. Das Dilemma beginnt für die Vögel nach dem Schlupf der Küken, die auf den Äckern kaum Nahrung finden oder verdursten. Sie müssen in der Regel in den ersten ein bis zwei Lebenstagen von den Äckern abwandern und geeignetes Grünland in der Nähe finden. Nach den ersten Lebenstagen ist der Dottervorrat der Küken aufgebraucht und sie verhungern ohne geeignete Nahrungsgründe.

Seite 21

ab Seite 100

Kiebitzweibchen

* *Eilers, A. (2007): Zur Brutbiologie des Kiebitz (Vanellus vanellus) in drei Schutzgebieten an der Eidermündung (Nordfriesland, Dithmarschen), 2006. Corax 20(4): 309-324. Download der Diplomarbeit als pdf-Datei auf www.NABU-Katinger-Watt.de möglich.*

Säbelschnäblerküken folgt einem Altvogel

Seite 35

Seite 41

Ein interessantes Beispiel für Ackerbruten findet der Besucher im Dithmarscher Eidervorland, wo alljährlich **Säbelschnäbler** auf Kartoffel- und Rübenfeldern brüten 23. Säbelschnäbler bevorzugen als typische Watvögel die unmittelbare Nähe zum Eiderwatt und brüten daher in der Regel am Flussufer innerhalb des Naturschutzgebietes. Nach Verlust der Gelege durch Hochwasser oder durch Beutegreifer versuchen jedoch einige Paare eine zweite Brut auf den nahen Feldern. Ungefährlich ist auch dies nicht, da die auffälligen schwarz-weißen Vögel auf den Feldern für Beutegreifer weithin sichtbar sind – vor Hochwasser sind die Gelege hier jedoch sicher. Unmittelbar nach dem Schlupf der Küken führen die Altvögel die Winzlinge mit den langen Füßen ins nahe Schutzgebiet an die Eider.

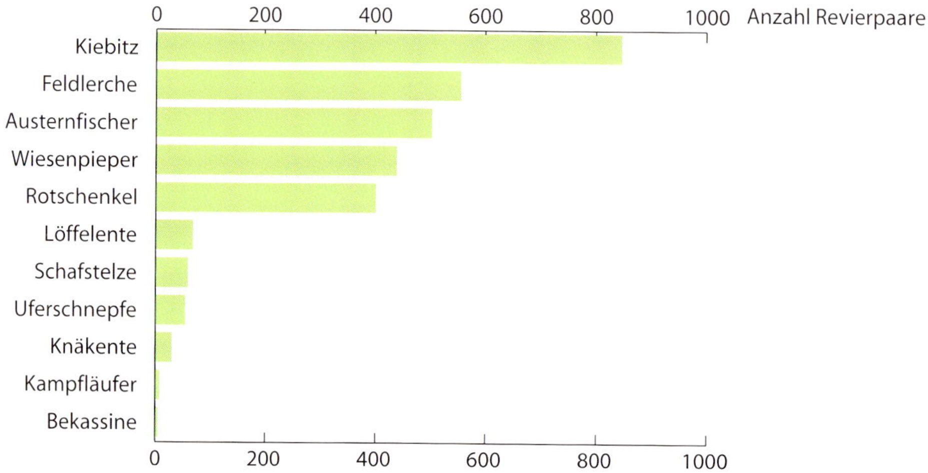

Abb. 9: Wiesenvögel in der Eidermündung (Maxima 2002 bis 2006). In den vom NABU betreuten Schutzgebieten (und deren unmittelbarer Umgebung) brüten etwa 2 600 Paare der Wiesenvögel. Sie stellen ungefähr 40 % aller Vogelbrutpaare in diesen Gebieten. Der Kiebitz ist mit rund 850 Brutpaaren der häufigste Wiesenvogel bei uns. Auch die küstentypischen Watvögel Austernfischer und Rotschenkel sowie die Singvögel Feldlerche und Wiesenpieper gehören zu den Charakterarten der Schutzgebiete an der Eidermündung.

Lachmöwen in einer Kolonie am Eidersperrwerk

Wohngemeinschaft gesucht

Die lärmenden Rufe in der Lachmöwenkolonie vor den Beobachtungshütten sind schon aus großer Entfernung zu hören 47. Mitte April versuchen hier etwa 250 Brutpaare auf einer kleinen Insel ihren Platz zum Brüten zu finden. Der Ort scheint günstig zu sein und so haben sich Hunderte Altvögel eingefunden, die einen der begehrten Nistplätze erstreiten möchten. Am Rande der Kolonie drohen Konkurrenten einander mit aufgerissenem Schnabel oder zupfen flügelschlagend am Gefieder des Nebenbuhlers, während gleichzeitig hochrangigere Vögel im Zentrum der Kolonie schon Balzverhalten zeigen. Einige Altvögel fliegen mit Schilfhalmen als Nistmaterial zum Brutplatz. Wieder andere ruhen in Nähe der Kolonie oder putzen unbeteiligt das Gefieder. Es scheint ein heilloses Durcheinander zu sein, kein gemütlicher Ort zum Aufziehen des Nachwuchses. Der Vorteil dieser engen Wohngemeinschaft wird aber augenscheinlich, als sich eine Rohrweihe im langsamen Flug der Kolonie nähert. Vielleicht gibt es hier ein erstes Möwenei zu erbeuten oder gar eine unachtsame Lachmöwe? Plötzlich fliegen alle Möwen gemeinsam auf, vergessen sind die Streitereien und es wimmelt in der Luft von schreienden Lachmöwen. Der Lärm wird ohrenbetäubend. Abgeschreckt von dem Durcheinander fliegt der Greifvogel über den Katinger Priel davon – verfolgt von einigen wagemutigen Möwen. Nach dem Abzug des Beutegreifers zetern die Möwen noch einige Minuten in der Luft, um sich dann wieder dem Brutgeschäft und den streitbaren Nachbarn zuzuwenden.

Seite 53

Es müssen nicht immer Artgenossen sein

Viele Küstenvögel wie Säbelschnäbler, Seeregenpfeifer, Möwen und Seeschwalben suchen in der Brutzeit die Gemeinschaft von Artgenossen oder von anderen Vogelarten. In der flussnahen Schafweide der „Grünen Insel" sind es vor allem gemischte Kolonien mit Säbelschnäblern 45, Lachmöwen und Küstenseeschwalben. Im Gegensatz zur oben beschriebenen, dicht besiedelten Brutinsel verteilen sich die Vögel hier in einer weiträumigen Kolonie. Konzentrationspunkte bilden sich lediglich an günstigen Brutorten wie kleinen Schlamminseln in Flachgewässern oder auf Halbinseln. Erst auf den zweiten Blick fällt auf, dass sich vereinzelt weitere Vogelarten dieser Großkolonie angeschlossen haben. Im Vorland „Grüne Insel" sind es beispielsweise Sturm- und Silbermöwen, seltener Flussseeschwalben und Sandregenpfeifer. Darüber hinaus bietet die Kolonie auch versteckt brütenden Arten wie Reiher- und Schnatterente Schutz bei der Brut. Regelmäßig finden sich die Gelege der Enten mitten zwischen den Möwennestern. Nicht zu vergessen: An den Ufern der Eider brüten einige Vogelarten, die sich bei der Wahl des Territoriums nicht an den Vogelkolonien, sondern primär an der Ausstattung der Brutlebensräume orientieren. Deren Reviere verteilen sich daher gleichmäßig über das Schutzgebiet (z. B. Austernfischer, Kiebitz, Rotschenkel, Feldlerche, Wiesenpieper).

Seite 30

Fischmahlzeit bei Familie Küstenseeschwalbe

Für alle Vogelarten bietet das Leben in der Kolonie neben Vorteilen immer auch Nachteile. So verführt die drangvolle Enge einer Vogelkolonie zum (unbemerkten) Fremdgehen oder zum Brutparasitismus. Bei Letzterem legt ein Vogelweibchen zusätzliche Eier in fremde Nester und überlässt die elterlichen Pflichten den Nachbarn. Auch erbeuten Möwen in den Kolonien die Gelege und Küken der Verwandtschaft. Ja, einige Altvögel können sich auf solche Beutezüge bei den Nachbarn spezialisieren. Statt im Watt nach Krebsen und Muscheln zu suchen, warten dann Sturm- oder Silbermöwen in der Kolonie geduldig auf eine günstige Gelegenheit, um Seeschwalben- und Entenküken zu erbeuten. Schließlich zieht der Lärm und der „Duft" einer großen Vogelkolonie auch immer **nachtaktive Beutegreifer** wie Füchse, Steinmarder und Iltisse, Wanderratten, Hauskatzen und Igel an. Mag die beeindruckende Größe der Kolonie tagsüber bei Flugfeinden auch von Vorteil sein, gegenüber den Nachstellungen der Säugetiere in der Nacht sind die Vögel ohne Abwehrmöglichkeiten. Nach Möglichkeit brüten Küstenvögel daher auf Inseln ohne Landsäugetiere.

Seite 111

ab Seite 116

Neue Wohngemeinschaft gesucht

Hat beispielsweise ein Igel erst einmal eine Seeschwalbenkolonie entdeckt, baut er sich vor Ort ein Tagesversteck aus Gras und sucht Nacht für Nacht in der Kolonie nach Eiern und Vogelküken. Während der Nachwuchs der Seeschwalben in einem solchen Jahr weitgehend ausfällt, ist der Igel bereits im Frühsommer so gut genährt, dass er augenblicklich in den Winterschlaf gehen könnte. Bei einem laufaktiven Fuchs, der in einer Nacht große Strecken zurücklegen kann, können die Verluste an Gelegen noch deutlich höher sein. Der Fuchs legt im Überfluss der Brutzeit von den vielen erbeuteten Vogeleiern und Küken Nahrungsdepots an, die er noch Monate später nutzt. In einer solchen Situation löst sich die Vogelkolonie auf und sucht an anderen Orten nach geeigneten Brutmöglichkeiten für Zweitgelege. So können die Brutbestände des Säbelschnäblers innerhalb eines engbegrenzten Schutzgebietes wie der „Grünen Insel" jahrweise deutlich schwanken, der **Brutbestand** innerhalb der Eidermündung insgesamt bleibt hingegen über Jahre hinweg nahezu stabil. Die Vögel wechseln den Brutplatz lediglich im Bereich der Flussmündung. Erhöhen sich schließlich die Gelegeverluste im Großraum der Mündung, dann siedeln die Vögel in das benachbarte Wattenmeer um.

Einige wenige Küstenvögel unternehmen dann auch weiterhin Jahr für Jahr Brutversuche in den Eidervorländern. Haben sie wieder Bruterfolg, weil sich die Anzahl der Beutegreifer verringert, dann siedeln sich in den folgenden Jahren vermehrt Küstenvögel an – die Brutkolonien wachsen wieder. Der langfristige Erhalt der Vogelkolonien ist aufgrund dieser Schwankungen nur in großen Räumen möglich.

Küstenseeschwalben bei der Paarung

Rekordhalter im Langstreckenflug ...

Die Küstenseeschwalbe erscheint Mitte April nach einem erdumspannenden, spektakulären Langstreckenflug bei uns. Sie überwintert im Südpolarmeer der Antarktis und brütet in der Arktis von Grönland bis Sibirien – oder im Wattenmeer Schleswig-Holsteins (ca. 5 000 Brutpaare). Das Wattenmeer stellt den Südrand der Brutverbreitung dar. Die Art hat weltweit mit rund 15 000 bis 18 000 Kilometern den längsten aller Zugwege – und am meisten Tageslicht aller Lebewesen, denn in beiden Polarregionen scheint die Sonne im jeweiligen Sommer Tag und Nacht. Küstenseeschwalben brüten in Kolonien am Boden oft gemeinsam mit anderen Küstenvögeln. Sie ernähren sich von kleinen Fischen und Garnelen, die sie stoßtauchend erbeuten. Schon Ende Juni sind die Jungen flügge, Ende August geht es wieder in den Süden.

Die Männchen überreichen bei der Balz ihrer Auserwählten oft kleine Fischchen – als Hochzeitsgeschenk. So manch ein hungriges Männchen wird vom Anblick eines fetten Fisches angeregt, das Bettelverhalten eines Weibchens zu imitieren – und wird vom liebestollen Nachbarn gefüttert! Im Nordfriesischen heißt die Art „Bigger", was mit „Picker" übersetzt werden kann und auf die aggressive Verteidigung der Gelege durch die mutigen Seeschwalben hindeutet. Das früher an der Küste übliche Absammeln der Eier wurde von den Vögeln mit Luftangriffen und wütenden Schnabelhieben quittiert. Nur ein hochgehaltener Stock oder eine feste Kopfbedeckung schützte dann vor Pickwunden. Ein schöner Einblick aus nächster Nähe in das Treiben einer Brutkolonie der Küstenseeschwalbe bietet sich am Eidersperrwerk 40.

Seite 44

Der Fuchs – nur fliegen kann er (noch) nicht

Mit scharfen Sinnen und einer vorsichtigen Intelligenz ausgestattet hat sich der Fuchs beim Menschen einen legendären Ruf erworben. Er ist Bestandteil vieler Sagen, Märchen und Kinderbücher, in denen er nicht selten als gewiefter Taktiker dargestellt wird – durchaus zu Recht. Füchse sind Generalisten, die in allen Landschaften bis ins Hochgebirge und in den Städten ein Auskommen finden. Ihr Speisezettel ist entsprechend vielfältig und reicht von Regenwürmern, Insekten, Mäusen bis hin zu hasengroßen Säugetieren, Aas, Früchten und Beeren.

Seite 76

In den Schutzgebieten der Eidermündung erbeuten Füchse im Sommerhalbjahr oft am Boden brütende Vögel und deren Gelege, aber z. B. auch regelmäßig **Bisame**. Im Winter suchen sie häufig die Spülsäume von Fluss und Meer oder auch die Straßenränder nach Kadavern ab. Die Fuchsmännchen besetzen Reviere mit einer Größe bis zu 1000 Hektar, die Reviere der Weibchen sind mit 100 bis 300 Hektar deutlich kleiner. Im Spätwinter findet die Paarung statt (Ranzzeit). Die drei bis zwölf Jungen werden im April geboren und sind nach ungefähr vier Monaten selbstständig. In der Regel kommen die Füchse bei uns „unter Tage“ in trockenen Erdbauen zur Welt. In Gebieten mit hohen Grundwasserständen muss gelegentlich auch ein trockenes Plätzchen in einem dichten Pflanzenbestand ausreichen.

FERIENGÄSTE UND VOGELZUG

Vogelbeobachtung auf dem Leitdamm am Nullgebiet

Naturerlebnisse an der Küste

Die Natur ist kein Botanischer Garten und kein Zoo, wo gegen Bezahlung wilde Tiere in säuberlich getrennten Portionen oder nach Kontinenten geordnet bestaunt werden können. Zoos und Parks haben gegenüber einem Naturschutzgebiet den unschätzbaren Vorteil, dass die Tiere sich dort an den Menschen gewöhnt haben und somit auch auf einem Familienausflug mit Hund und Kinderwagen erlebt werden können. Bei dem Besuch eines Naturschutzgebietes funktioniert dies nicht. Die Tiere in freier Natur versuchen sich vor dem Menschen zu verbergen oder zu fliehen. Sie erkennen die Harmlosigkeit eines Joggers nicht. Für sie ist auch der liebste Rauhaardackel eine große Gefahr.

Der Naturschutz steckt dadurch in einem Dilemma. Einerseits sollen möglichst viele Menschen die Schönheit der Natur erleben, andererseits würde der ungeordnete Besuch die letzten Naturoasen zerstören. Wer möchte nicht auf einer duftenden Blumenwiese liegen und die vorbeiziehenden Wolken bestaunen oder an einem Bach entlanglaufen, ein Wasserrad bauen oder Stichlinge keschern? Aber ein Wochenende mit schönem Wetter und intensivem Ausflugsverkehr, mit Ballspielen und Picknick – und von der Blumenwiese mit Bach bliebe nicht viel.

Es wird eine der wichtigsten Zukunftsaufgaben des Naturschutzes sein, die Blumenwiesen nicht nur zu erhalten, sondern sie auch wieder erlebbar zu machen. Im großflächigen Nationalpark Schleswig-Holsteinisches Wattenmeer ist das Lenken der Besucherströme eher möglich als z. B. in einem schmalen Naturschutzgebiet an der Eider. Hier sind die Fluchtdistanzen der rastenden **Gänse** und Enten, der Großen Brachvögel oder Goldregenpfeifer wichtige Maßstäbe für die Naturverträglichkeit des Besucheraufkommens. Viele dieser Vogelarten werden in Europa auch heute noch bejagt und halten daher eine große Fluchtdistanz von mindestens 300 bis 500 Metern zum Menschen ein. Eine einzige Störung am frühen Morgen reicht aus, um die Tiere zu verscheuchen und den nachfolgenden Besuchern die Erlebnisse zu nehmen.

Oft folgt über den Tagesverlauf verteilt in den Schutzgebieten Besucher an Besucher und die Tiere bleiben verborgen. Nicht der Störreiz einer einzigen Besuchergruppe ist dann für das Verschwinden der Tiere verantwortlich, sondern die Summe der aufeinanderfolgenden Störungen eines Tages. Es ist dabei egal, ob es sich um natürliche oder menschliche Störquellen handelt – die Wirkung auf die Rast- und Brutvögel bleibt die gleiche. Nur ein genau an das Gebiet und an die Bedürfnisse der Tiere angepasstes Besucherleitsystem erlaubt Naturerlebnisse bei gleichzeitigem Erhalt des Schutzgutes Natur.

Vogelwanderungen zwischen Sibirien und Afrika

Die Küstenlandschaft im Westen Schleswig-Holsteins ist bei befiederten und bekleideten Gästen gleichermaßen begehrt. So bringt die menschliche Völkerwanderung alljährlich mehrere Millionen hochwillkommene Gäste an die Westküste. Zudem ist das Wattenmeer zwischen Esbjerg in Dänemark und Texel in den Niederlanden aber auch ein Großflughafen, der in jedem Jahr von etwa zehn bis zwölf Millionen wandernden Wat- und Wasservögeln aufgesucht wird – die vielen zusätzlichen

Seite 100

Goldregenpfeifer sind als Gäste auf dem Zugweg in der Eidermündung zu beobachten

Kleinvögel sind in der Summe kaum zu erfassen. Es ist ein ständiges Kommen und Gehen. Im Wattenmeer haben die letzten sibirischen Knutts Mitte Juni ihre Reise in die Brutgebiete gerade begonnen, da tauchen Ende desselben Monats die ersten Weibchen des Dunklen Wasserläufers auf. Sie haben nach der Eiablage den Männchen das Brüten und die Aufzucht der Jungen in den subarktischen Brutgebieten überlassen und sind umgehend in das nahrungsreiche Wattenmeer zurückgekehrt. Von Juli bis September folgen weitere Watvögel aus nordischen Brutgebieten. Zeitlich treffen sie mit den Sommerferien und so mit dem Hauptaufkommen der Nordseeurlauber zusammen.

Wichtig zu wissen ist, dass diese Zugvögel zum Wattenmeer keine Alternative haben! Das Wattenmeer und die Banc d'Arguin in Mauretanien haben eine zentrale Stellung als Rastplätze an einer der weltumfassenden Vogelzugstrecken – sozusagen an einer Vogelzug-Autobahn. Die nahrungsreichen Watten liegen am „Ostatlantischen Zugweg", der die arktischen Brutgebiete zwischen Grönland, Nordost-Kanada und der Taimyr-Halbinsel in Nordsibirien mit Überwinterungsgebieten an den Küsten West- bis Südafrikas und den Gewässern der Antarktis verbindet. Das Gros dieser Wat- und Wasservögel fliegt und rastet auf dem Zug in küstennahen Gebieten. Für einige Arten wie den Knutt ist das Wattenmeer der erste Zwischenstopp, die erste Tankstelle nach dem Aufbruch in der Arktis und einem Non-Stop-Flug von über 4 000 Kilometern. In der Zugzeit sind die im Wattenmeer rastenden Vögel besonders störanfällig, da sie versuchen in möglichst kurzer Zeit möglichst viel Nahrung aufzunehmen, um weiterziehen zu können oder im Wattenmeer zu mausern. Natürlich ist das Zuggeschehen am Ende des Sommers nicht abgeschlossen. Von September bis November folgen vor allem Schwäne, Gänse und Enten. Auch im tiefsten Winter kommt es regelmäßig zu einer Kälteflucht von Vögeln aus Skandinavien oder Nordosteuropa. Eine Kälteperiode mit Schneefall reicht aus, um viele Tausend Vögel an die milde Küste der südlichen Nordsee wandern zu lassen.

Im Frühjahr (März bis Mai) machen die gen Norden wandernden Vogelarten wieder im Wattenmeer Rast, um sich erneut Fettreserven für den langen Rückweg in die Brutgebiete anzufressen. Energetisch und in Bezug auf die körperliche Fitness sind diese Wanderungen für viele Zugvögel ein Hochseilakt. Schon eine kleine Verletzung, eine kleine Abweichung vom Fahrplan oder zu geringe Fettreserven aufgrund zu vieler Störungen können tödlich sein.

Dunkler Wasserläufer im Prachtkleid

Graugänse sammeln sich zum Mausern in großer Anzahl am Katinger Priel

Mauser der Wasservögel

Seite 53

Die Eidermündung, und hier besonders das Katinger Watt, hat auch eine wichtige Funktion als Mausergewässer für Taucher, Gänse, Enten und Rallen. Im Mai sammeln sich am Katinger Priel 54 über Tausend mausernde Graugänse. Bis in den Spätsommer folgen in manchen Jahren mehr als 4 000 Enten und Blässrallen. Diese Vögel verbindet eine Gemeinsamkeit: Sie verlieren in der Mauser innerhalb weniger Tage alle großen Federn an den Flügeln und am Schwanz und können daher für einige Wochen nicht fliegen. Das Sicherheitsbedürfnis der Vögel ist so groß, dass sie europaweite Wanderungen unternehmen, um traditionelle Orte mit Nahrung, Versteckmöglichkeiten und Ruhe aufzusuchen. Und es gibt nicht viele Orte, die diese Gemeinsamkeiten aufweisen. Das Katinger Watt ist einer davon.

Die Mauser belastet den Körper der Vögel extrem. Sie bekommen „Fieber" aufgrund eines erhöhten Stoffwechsels. Die mausernden Vögel können in dieser Zeit nur fressen und ruhen. Der Wechsel des Großgefieders ist daher bei vielen Vogelarten neben der Brut- und Zugzeit eine weitere anstrengende Phase im Jahresverlauf. Geschützte Gewässer mit vielen mausernden Wasservögeln wie der Katinger Priel sind daher in der Brut- und Mauserzeit für Freizeitaktivitäten des Menschen ungeeignet.

Reiherentenerpel bei der Körperpflege

Ziehende Nonnengänse

Wenn arktische Wintergäste hungrig sind

Die Küste des Wattenmeeres ist ein traditionelles Überwinterungsgebiet mehrerer Gänsearten. Im Einflussbereich des Golfstroms sind die Winter mild und die Schneedecken in der Regel nur dünn. Die pflanzliche Nahrung bleibt für die Vögel so über alle Wintermonate erreichbar. Es verwundert nicht, dass Gänse ihre Brutheimat in der Arktis und Subarktis verlassen, um im viele tausend Kilometer entfernten Mitteleuropa den Winter zu verbringen.

In den Wintergebieten treten die Vögel oft in großen Schwärmen auf. Zwar muss eine Gans im Schwarm um ihre Nahrung mit ihren Artgenossen konkurrieren, doch die vielen aufmerksamen Augen eines Gänseschwarms bieten Sicherheit. Ein anfliegender Seeadler oder ein anschleichender Fuchs ist gemeinsam leichter zu entdecken. Besondere Vorsicht zeigen die weitgereisten Gänse auch dem Menschen gegenüber. Die Völker des Nordens bejagen die Vögel während der Brut- und Mauserzeit, auf der Zwischenrast während des Zuges wird ihnen ebenfalls nachgestellt, und schließlich haben sie Jäger in den Überwinterungsgebieten zu fürchten. In einer solchen Situation können gerade große Ackerschläge (Sicherheit, Ungestörtheit) und die leicht verdaulichen, energiereichen Feldfrüchte (Getreidekörner auf Stoppelfeldern, Winterweizen, Raps) zum Ausweg aus der energetischen Krise für die Gänse werden.

Auch in Schleswig-Holstein dürfen mehrere Gänsearten bejagt werden. Dies geschieht laut Jagdverordnung zur „Schadensabwehr auf gefährdeten Acker- und Grünlandkulturen". Doch es bleibt fraglich, ob so die Menge der von den Gänsen aufgenommenen Nahrung verringert werden kann, da die durch Jagd scheueren Vögel häufiger auffliegen, mehr Energie verbrauchen und so zwangsläufig viel mehr Nahrung benötigen. Die aktuelle Agrarpolitik verschärft diesen Konflikt an der Küste noch, da hier immer mehr Grünland in Ackerflächen umgewandelt wird. Oft reichen die wintergrünen Getreidefelder inzwischen bis an den Seedeich in die traditionellen Nahrungsgebiete der Gänse.

Wie Gänse ihre Nahrungspflanzen „bewirtschaften"

Das Fressen von Pflanzen, insbesondere von Gras, hat für Gänse den großen Vorteil, dass diese Nahrungsquelle weit verbreitet und leicht erreichbar ist. Allerdings ist Grünfutter im Vergleich zu fleischlicher Nahrung energiearm und schwer verdaulich. Die Gänse müssen daher viel Nahrung aufnehmen, die sie andererseits nur grob verdauen können. Das kostet viel Zeit, da große Gänsearten etwa ein Kilogramm Gras am Tag benötigen. Insbesondere zur Vorbereitung des Zuges müssen die Vögel Fettreserven anlegen. Die Kondition der weiblichen Gänse nach der Überwinterung und beim Heimzug in die Brutgebiete entscheidet sogar über die Fitness des Nachwuchses und damit über den Bruterfolg.

Für den Körper einer Gans bedeuten diese Vorgaben eine Herausforderung. Gänse verfügen über einen kräftigen Muskelmagen zum Zerkleinern der Nahrung und über einen recht langen Darmtrakt mit zwei großen Blinddärmen zum Verdauen. Ihre Verdauung erfolgt wie bei den stets fluchtbereiten, schnellen Pferden, Feldhasen oder Feldmäusen. Dabei wäre auch für die Gänse der gewaltige Wiederkäuermagen einer eher gemütlichen Kuh die

Graugänse sind das ganze Jahr in der Eidermündung anzutreffen

richtige Antwort. So könnte die Nahrung viel besser in ihre Bestandteile zerlegt werden (in den Verdauungsorganen der Kuh lebt eine Wohngemeinschaft aus verschiedenen Mikroorganismen, die beim Zerlegen der Pflanzen helfen). Allein das Gewicht der gefüllten Gärkammer eines solchen Magens wäre allerdings so schwer, dass die Vögel flugunfähig wären. Es bleibt den Gänsen damit nur der Trick der Pferde: Viel fressen und rasch verdauen. Die aufgenommenen Pflanzen bleiben etwa für eine dreiviertel Stunde in der Gans, bevor sie wieder hinter dem Vogel als Kot auf der Wiese erscheinen.

Nur etwa 20 % der Pflanzenmasse wird verdaut, der Rest landet mechanisch zerkleinert wieder auf der Wiese und erhöht damit den Stoffumsatz des Ökosystems. Dabei wird der Kot nicht auf einmal, sondern in kleinen Portionen abgegeben. Alle drei bis vier Minuten erscheint so ein „vegetarisches Würstchen" im Grünland (am Tag sind es ca. 200). Biologen können anhand dieser Hinterlassenschaften exakt die Beweidungsintensität einer Fläche berechnen.

Um nicht ständig neue Nahrungsflächen suchen zu müssen, gehen die Gänse bei der Nahrungsaufnahme systematisch in Form eines „Bewirtschaftungsplans" vor: Im Rhythmus von drei bis fünf Tagen beweiden sie abwechselnd immer wieder dieselben Flächen. Durch wiederholte Beweidung derselben Pflanzen steigt der Eiweiß- und Energiegehalt in dem jungen, nachwachsenden Pflanzengewebe. Hinzu kommt, dass das „zarte Gemüse" leichter verdaulich ist. Die Vögel nutzen so nicht mehr als 5 % der vorhandenen Biomasse einer Pflanze und halten sie ständig in einem Zustand höchster Produktivität.

Gänseschutz an der Eidermündung

In den letzten Jahrzehnten haben wir viel über die Bedürfnisse der Gänse gelernt. Heute bietet der Naturschutz in der Eidermündung den Gänsen große, wasserreiche Naturschutzflächen an, wo diese in Ruhe Nahrung suchen können. Die Vögel lernen schnell, die Sicherheit eines Schutzgebietes zu schätzen. Verhalten sich die Naturbeobachter auf den Wegen und Straßen ruhig (ein Auto ist ein hervorragendes „Tarnzelt"), so kommen die Gänse unter anderem im Bereich der „Grünen Insel" bis auf weniger als 50 Meter an die Straße heran 51. Unter der Voraussetzung, dass sie hier nicht gestört werden, bleiben sie für Wochen auf den Naturschutzflächen. Vor allem im Frühling (März bis Anfang Mai) können die Gänse so von den landwirtschaftlichen Nutzflächen des Umlandes abgehalten werden.

Seite 30

Blässgans mit dem typisch gefleckten Bauchgefieder

Der Zug der nordischen Wildgänse

In der Eidermündung sind Nonnengänse die häufigste Gänseart. Diese auch Weißwangengänse genannten Vögel sind von Oktober bis Anfang Mai typische Winter- und Zuggäste der großen Flussmündungen und der Schutzgebiete hinter den Seedeichen der Westküste Schleswig-Holsteins. Alljährlich halten sich auf Eiderstedt auch Schwärme von Bläss- und Graugänsen auf. Alle Gänsearten sind auf pflanzliche Nahrung spezialisiert. Die kleinen Schnäbel der Nonnengänse können geschickt zarte Grasspitzen abzupfen, die großen, kräftigen Schnäbel der Graugänse auch saftige Pflanzenwurzeln ausgraben. Bei ihnen sind die Ränder des Oberschnabels wie eine Zahnleiste gebildet, die in Kombination mit dem scharfen Unterschnabel als Schneidewerkzeug dient.

Die beweideten oder gemähten Schutzgebiete an der Eidermündung bieten den Gänsen viel Nahrung. Flachwassertümpel sind von zusätzlicher Attraktivität für die Vögel. Vor allem im zeitigen Frühjahr bis Anfang Mai fressen oft 10 000 bis 15 000 Nonnengänse im Gebiet der „Grünen Insel" oder auf den Eiderdammflächen, wo sie von der Straße aus gut beobachtet werden können. Sie halten die Vegetation kurz und schaffen so ideale Bedingungen für Brutvögel wie Kiebitz und Feldlerche sowie für andere Lebewesen des kurzen, sonnendurchfluteten Grünlandes. Insgesamt können sich gleichzeitig bis etwa **25 000 Nonnengänse** in der Eidermündung aufhalten.

Seite 90

Krähe mit Ei als Beute wird von Säbelschnäbler vertrieben

Guter Kiebitz – böse Krähe?

Auf einer vogelkundlichen Führung im Nullgebiet verfolgt die Gruppe angespannt ein Rabenkrähenbrutpaar bei der Nahrungssuche: Nachdem die Krähen in der Deckung eines Baumes zunächst das Treiben auf der nahen Wiese genau beobachtet haben, fliegt das größere Männchen auffällig lässig mitten über das Schutzgebiet. Augenblicklich wird es von wütend angreifenden Kiebitzen, Uferschnepfen und Austernfischern verfolgt, die ihre Gelege und Küken verteidigen. Gleichzeitig fliegt die weibliche Krähe möglichst unauffällig an den Rand der Wiese, um von hier aus zu Fuß geradewegs auf ein Kiebitzgelege zuzugehen. Sie schnappt sich ein Ei und fliegt mit der Beute unbehelligt in die Deckung des Waldes zurück. Alles geht so schnell, dass das aufgeschreckte Kiebitzweibchen kaum Anzeichen einer Gegenwehr erkennen lässt. Nach wenigen Schreck- und Schweigesekunden platzt es aus einem älteren Mann heraus: „Schlimm, diese Krähen! Die fressen bei mir im Garten auch alle Singvögel!" Die anderen Teilnehmer stimmen in den Protest mit ein. Schnell sind weitere Tiere ohne oder mit nur geringem Wert gefunden: Elstern, Wander- und Bisam„ratten", Mäuse und der „Unterwasserterrorist" Kormoran, Steinmarder im eigenen Haus, Spinnen, Mücken und Zecken, Schlangen und die vielen Stadttauben, Möwen und Greifvögel ... Stets ist die Lösung tödlich: „Von denen gibt das zu viele, die müssen reguliert werden!"

Natürlich gibt es auch Gegenargumente: „Auch die Krähen haben Küken zu füttern", „Denken Sie an Ihre Katze im Garten, die regelmäßig Tiere tötet", „Tiere, die Sie mögen, wie Eichhörnchen, Weißstorch, Buntspecht und Amsel, erbeuten auch regelmäßig Eier oder Vogelküken." Dem schwarzen Unvogel Krähe dagegen wird die Nahrungssuche als unmoralische Tat ausgelegt, an dem Naturphänomen werden menschliche Maßstäbe angelegt.

Die Umweltethik

Diskussionen über „weniger wertvolle" Vogelarten gibt es auf jeder vogelkundlichen Führung. Stets teilen wir unsere Umwelt, die Tiere und Pflanzen (und Menschen?) aus Unkenntnis der Lebenszusammenhänge in nützlich und unnütz ein, in sympathisch oder wertlos. Relativierende Argumente sind oft schwer zu vermitteln, denn einfache Standpunkte und einfache Fragen erfordern oft komplizierte Antworten. Warum schützen wir unsere Natur? Für uns, für einen Schöpfer? Oder doch um ihrer Selbst willen einschließlich der angeblich „wertlosen" Tiere?

Über den Eigenwert der Natur hat Martin Gorke eine Broschüre* geschrieben, in der er auf die Umweltethik eingeht: „Wer glaubt, alle Werte seien letztendlich Nutzwerte und der Eigenwert ein Hirngespinst von Philosophen, sei an einen Eigenwert erinnert, der für ihn stets außerhalb jeglicher Diskussion steht: sein eigener. (...) Indes werden nur ganz wenige Menschen hierbei stehen bleiben. So gut wie jeder räumt zumindest seiner Familie, seinen Freunden (...) einen Eigenwert ein. (...) Die Frage ist nur, wem außer diesen wenigen von uns geschätzten Personen wir sonst noch einen Eigenwert zuschreiben können und sollen. Allen Menschen oder auch Tieren und Pflanzen oder sogar der ganzen Natur?"

* Die Broschüre ist im NABU Naturzentrum erhältlich oder unter www.NABU-Katinger-Watt.de herunterzuladen.

Brandentenerpel streiten sich in der Balzzeit um ein Weibchen

Was du nicht willst, das man dir tu, das füg auch keinem anderen zu!

In der holistischen Umweltethik wird der Mensch als Teil eines größeren Ganzen betrachtet: „Sie unterscheidet sich von der traditionellen anthropozentrischen Ethik dadurch, dass sie nicht nur Menschen einen Eigenwert zuschreibt, sondern ebenso der gesamten Natur." Martin Gorke spricht weiter von einer goldenen Regel, „die es verbietet, anderen etwas anzutun, was man bei vertauschten Rollen nicht akzeptieren würde." Damit stimmt er mit dem Kategorischen Imperativ von Immanuel Kant und auch mit den zentralen Aussagen vieler Weltreligionen überein.

Seite 85

Unabhängig von den interessanten ethischen Gesichtspunkten gibt es **ökologische Gründe**, die eine Einteilung der Natur in gut und böse sinnlos erscheinen lassen: Ein „böser" Kormoran, der einen Aal frisst, ermöglicht ja gleichzeitig den Fischen ein Weiterleben, die der Aal ansonsten in seinem zukünftigen Leben noch gefressen hätte. In der Natur kann es etwas Wertloses nicht geben, da ja alles miteinander verknüpft ist, jedes seine Funktion hat. Nutzwert und Unmoral bringen nur wir Menschen in die Diskussion. Um ein Missverständnis zu vermeiden: Der Tod in der Natur ist per se nicht unmoralisch. Unmoralisch ist es, einen Kormoran als minder wertvoll anzusehen, weil er den Fisch frisst, den wir gerne selbst erbeutet hätten.

In Schleswig-Holstein hat der Kormoran seit 2006 eine Jagdzeit, in der er zur „Abwendung erheblicher fischereiwirtschaftlicher Schäden" getötet werden kann. Wir Menschen nehmen uns das Recht heraus, ein Tier mit für uns geringem Nutzwert zu töten. Interessant ist, dass gleichzeitig Angler oder Berufsfischer legal Raubfische wie Hecht, Zander, Flussbarsch, Aal oder Forellen zentnerweise zur Steigerung ihres Gewinns in natürliche Gewässer einsetzen und damit vermehrt deren Beutetiere töten. So wird massiv in die Ökologie des Gewässers eingegriffen und es werden Raubfische in Gewässer eingebracht, die sie auf natürlichem Wege nicht erreichen könnten. Mehr noch: Selbst gebietsfremde Fische wurden in Mitteleuropa bedenkenlos ausgesetzt, weil sie gut schmecken und daher wertvoll, also „gut" sind!

Auf den Führungen in die Natur der Eidermündung kommen anregende Fragen nach deren Wert häufig zur Sprache. Letztendlich führt jeder für sich diese Diskussion – in den stillen Momenten ...

Kormoran im Brutkleid

Leichte Beute bevorzugt ...

Kormorane sind stammesgeschichtlich sehr ursprüngliche Vögel mit einer perfekten Anpassung an das Leben als fischfressender Tauchjäger. An ihrem Gefieder haftet beim Eintauchen ins Wasser kein Luftfilm, was den Auftrieb verringert und damit den Energieaufwand beim Tauchen mindert. So wird das Federkleid unter Wasser nass und die Vögel kühlen im Wasser schnell aus. Die Körpertemperatur kann bei nassem Gefieder und einem kalten Fisch im Bauch um bis zu drei Grad Celsius abfallen. Um nicht frierend wieder mehr Nahrung zu benötigen, gehen die Vögel beim Fischfang opportunistisch vor: Gefressen wird das, was schnell und leicht zu erbeuten ist. So sind auf Seen oft Gruppen von Kormoranen bei der Jagd auf Kleinfische zu beobachten. Dabei treiben die Vogelschwärme die Fische gemeinsam, was den Fangerfolg deutlich steigert. Anders gehen Einzelvögel in Flüssen oder im Wattenmeer vor: Sie stöbern unter Wasser auf der Suche nach größerer Beute in den Verstecken der Fische. Ein Kormoran benötigt täglich 300 Gramm Nahrung – in der Brutzeit bis zu 800 Gramm. Nach den Tauchgängen sitzen die Kormorane stundenlang auf Pfählen oder Sandbänken, um ihr Gefieder in der Sonne zu trocknen und sich auszuruhen. Durch Bejagung in den Brutkolonien (!) wurden die Bestände des Kormorans in Mitteleuropa Ende des 19. Jahrhunderts großflächig ausgerottet. Seit einem Jagdverbot 1975 wurde Mitteleuropa durch Restbestände aus der Ostsee und den Niederlanden wieder besiedelt (1982 erste Bruten in Schleswig-Holstein). Nach einem Bestandsanstieg pendelten die Vorkommen hier ab 1993 bis heute um etwa 2 500 bis 3 000 Brutpaare. Die Seeadler jagen gerne in den Brutkolonien und verursachen so durch den Scheucheffekt nicht selten das Erlöschen ganzer Kolonien.

Nach der „Landesverordnung zur Abwendung von Schäden durch Kormorane" ist es in Schleswig-Holstein erlaubt, die Vögel in der Zeit vom 1. August bis 31. März zu töten – Jungvögel dürfen innerhalb von Teichwirtschaftsbetrieben ganzjährig durch Jagdscheininhaber erlegt werden. Zusätzlich ist es erlaubt, im Umkreis von drei Kilometern eines Fischereigewässers die Neugründung oder Wiederbesetzung von Kormorankolonien durch Störungen in der Koloniebildungsphase bis zum 31. März zu verhindern. Im Jagdjahr 2006/07 wurden in Schleswig-Holstein 1 076 Kormorane erlegt.

Lachmöwe im Brutkleid

Brutvögel

Die Landschaft um uns herum verändert sich ständig. Nicht selten sind diese Entwicklungen nur mit Geduld über viele Jahren zu erkennen. Biologen und Förster nutzen das Wissen über heimische Pilze, Flechten, Pflanzen und Tiere, um den Zustand der Natur und deren Veränderungen zu beurteilen. Es hat sich gezeigt, dass wildlebende Organismen oft schneller und deutlicher auf Veränderungen in ihrer Umwelt reagieren, als uns dies technische Messinstrumente anzeigen können. Man spricht von Bioindikatoren und meint biologische Anzeiger, die etwas über den Zustand der Natur und Umwelt aussagen. Brutvögel sind solche Bioindikatoren. Ihre Reviere lassen sich auch auf großen Flächen erfassen und unser Kenntnisstand über ihre Lebensgewohnheiten ist gut. Sie werden daher in den Schutzgebieten der Eidermündung (und ihrer näheren Umgebung) alljährlich erfasst – es wird eine Inventur gemacht. So wissen wir, dass dort z. B. im Jahr 2005 etwa 6 900 Vogelbrutpaare lebten.

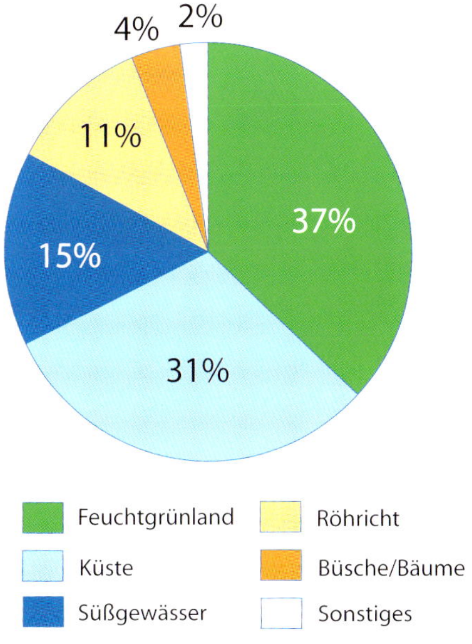

Abb. 10: Die Brutvögel in den Schutzgebieten der Eidermündung im Jahr 2005 unterteilt nach den bevorzugten Lebensräumen.

Brutvögel und ihre Lebensräume

Werden die Brutvögel in den Schutzgebieten nach ihren bevorzugten Lebensräumen unterteilt, so zeigt sich, dass Arten des Feuchtgrünlandes mehr als zwei Drittel aller Brutvögel der Eidermündung ausmachen (siehe links). Arten, die überwiegend am Süßwasser und in den Röhrichten der Uferzone leben, stellen ein weiteres Viertel. Der Schutz gilt in der Eidermündung insbesondere diesen Brutvögeln – sie sind die **Zielarten der Naturschutzarbeit** vor Ort. Die Vögel des Waldes fehlen in dieser Darstellung, da der Katinger Wald kein Schutzgebiet ist und vom Forstamt betreut wird.

ab Seite 17

Zu beachten ist, dass die Zuordnung einer Vogelart zu einem Lebensraum etwas ungenau ist, da nicht wenige Arten mehrere **verschiedene Lebensräume zum Überleben** benötigen. Nehmen wir das Beispiel der Graugans: Sie benötigt zur Brut und Gefiedermauser ausgedehnte, deckungsreiche Röhrichte und größere, störungsarme Gewässer. Sie schläft und badet in Flachgewässern und sucht ihre Nahrung bevorzugt am Ufer im Grünland.

ab Seite 85

Linke Seite: Graugansschar im Flug

Rothalstaucher am Nest – ein seltener Brutvogel in der Eidermündung

Die häufigen Brutvögel

Die häufigen Brutvogelarten wird der Besucher zur Brutzeit im Frühling und Sommer mit großer Wahrscheinlichkeit beobachten können. Im Jahr 2005 waren z.B. Lachmöwe und Säbelschnäbler mit 12,5 % bzw. 12,3 % aller Brutvögel die beiden häufigsten Arten in den Schutzgebieten (siehe Abb. unten). Die achtzehn hier aufgeführten Arten waren so häufig, dass sie je mindestens 1 % der Lebensgemeinschaft aller Brutvögel darstellten.

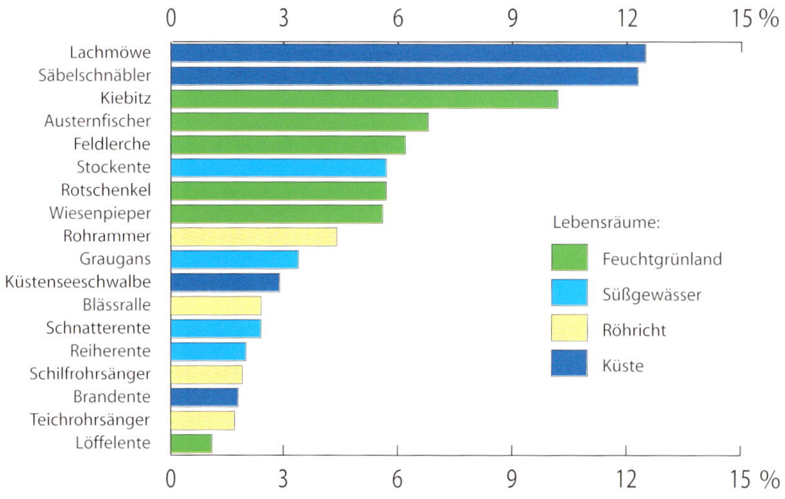

Abb. 11: Die häufigsten Brutvogelarten in den Schutzgebieten der Eidermündung (2005).

Die seltenen und bedrohten Brutvögel

Weniger leicht zu Gesicht bekommt man die seltenen Brutvogelarten. In der Regel sind sie landes-, bundes- oder sogar europaweit in ihrem Bestand gefährdet. Diese bestandsgefährdeten Arten stehen in den sogenannten „Roten Listen". Hier werden die aktuellen Informationen über ihre Vorkommen zusammengetragen. Die Roten Listen sind eine Entscheidungshilfe für die Politik. Die aktuelle Rote Liste für die Brutvögel Schleswig-Holsteins stammt aus dem Jahr 1995. In den Jahren 2000 bis 2007 waren mindestens 17 Brutvogelarten der Eidermündung in dieser Roten Liste aufgeführt. Besonders wertvoll sind die lokalen Schutzgebiete für die hier noch häufigen, landesweit aber **gefährdeten Wiesenvögel** wie Kiebitz, Feldlerche, Wiesenpieper, Rotschenkel, Uferschnepfe, Schafstelze und Knäkente. Hinzu kommen Vogelarten, die auch an der Eider selten sind und nicht in jedem Jahr hier brüten, wie Kuckuck, Sand- und Seeregenpfeifer, Bekassine, Kampfläufer und Trauerseeschwalbe, aber auch Wanderfalke, Wachtel, Sturmmöwe und Sumpfohreule.

ab Seite 89

Wenn im Frühling die Wolken singen ...

Feldlerchen sind in den Schutzgebieten der Eidermündung mit 400 bis 550 Paaren häufige Brutvögel. Sie besiedeln die großflächigen Weiden und Mähwiesen. Das Strichelmuster des Federkleides mit beigefarbenem Untergrund und dunklen Flecken tarnt die Altvögel am Boden bei der Nahrungssuche nach Kleintieren und Sämereien. Auch die Küken in den Bodennestern (Feldlerchen sind Nesthocker) sind mit einem dichten, bräunlichgelben Dunenkleid im Gewirr der Pflanzen nur schwer zu entdecken.

Im Gegensatz zur versteckten Lebensweise ist der Gesang umso auffälliger: Die Männchen singen während des Fluges, der zunächst mit einem fast senkrechten, lautlosen Start gegen den Wind beginnt. Dann steigen die Vögel in einem Spiralflug mit immer kleiner werdendem Radius in eine Höhe von 50 bis 100 Metern auf – manchmal auch weit darüber hinaus. Der Sänger scheint am Himmel zu verschwinden. Ist es nicht zu windig, dann unterstützt eine Flugschau den Gesang: Die Lerche steht über längere Phasen in der Luft, gleitet gelegentlich nach unten oder lässt sich im Wind treiben – immer noch singend! Diese Singflüge werden minutenlang vorgetragen. Unwillkürlich versucht der menschliche Zuhörer mit dem Vogel zu atmen. Vögel können allerdings beim Ein- und Ausatmen singen, da ihr Stimmorgan (Syrinx) nicht im Kehlkopf sitzt, sondern dort, wo die Luftröhre in die Bronchien übergeht.

Brutvögel in den Schutzgebieten der Eidermündung

Viele Besucher kommen aus anderen Regionen des Landes in die Eidermündung, um Vögel zu beobachten. Ihr Interesse gilt den Schwärmen der küstentypischen Zugvögel und der Vielfalt der hier brütenden Wiesen- und Wasservögel. Die Tabelle gibt einen Überblick zur Anzahl der Brutreviere (= Territorien der Vögel zur Brutzeit) einiger typischer Vogelarten, die im Rahmen der systematischen Bestandserhebungen in den Schutzgebieten erfasst wurden. Diese Kartierungen werden alljährlich nach den Methodenstandards für die Brutvögel Deutschlands** auf den vom NABU betreuten Flächen durchgeführt. Die Tabelle führt auch einige Vogelarten auf, die zwar im Katinger Wald brüten, deren Territorien sich aber bis weit in die angrenzenden Schutzgebiete der Flussmündung erstrecken. Über das Auftreten einiger versteckt lebender Brutvögel wissen wir zur Zeit wenig (Eulen, Rallen, Waldschnepfe). Auch erschienen in den letzten Jahren zur Brutzeit Vogelarten, die in der Eidermündung zwar über Tage ein Revier besetzten, hier vermutlich aber nicht zur Brut schritten (z. B. Zwergdommel, Nachtigall und Sprosser, Drosselrohrsänger, Karmingimpel). Die Tabelle zeigt die sich verändernden Vorkommen der Brutvögel für die Jahre 2002 bis 2006. Brutvögel sind wichtige Bioindikatoren, an deren Vorkommen u. a. das Naturschutzmanagement ausgerichtet wird. Sie können daher den Naturschutz vor Ort mit ihren Beobachtungen unterstützen. Sollten Sie auf ihren Wanderungen in der Brutzeit zufällig Beobachtungen machen, die uns wertvolle Hinweise zum Brutzeitvorkommen der Arten geben, wenden Sie sich bitte an das NABU Naturzentrum Katinger Watt. In der Tabelle sind einige der uns besonders interessierenden Brutvogelarten mit)* gekennzeichnet.

Tabelle 1: Bestandsentwicklung ausgewählter Brutvogelarten in den Schutzgebieten der Eidermündung und des Katinger Waldes für die Jahre 2002–2006.

BZF = Brutzeitfeststellung, d.h. die Art wurde in der Brutzeit festgestellt, eindeutige Hinweise auf Territorien oder Bruten wurden aber nicht beobachtet.

Vogelart	2002	2003	2004	2005	2006
Zwergtaucher	22	27	27	23	30
Haubentaucher	33	31	32	36	28
Rothalstaucher)*	0	0	0	1	BZF
Rohrdommel)*	5	BZF	1	BZF	1
Höckerschwan	7	3	10	11	8
Graugans	172	203	248	227	221
Nonnengans	2	BZF	1	BZF	1
Nilgans	0	BZF	0	2	1(-3)
Brandente	105	121	137	118	81
Pfeifente)*	BZF	1	2	2	2
Schnatterente	100	103	154	156	149
Krickente)*	20	23	19	19	16
Stockente	366	371	430	376	348
Spießente)*	4	1	1	2	2
Knäkente	29	32	21	22	28
Löffelente	48	62	71	70	61
Tafelente	7	6	11	5	6
Reiherente	108	143	123	130	116
Eiderente)*	0	0	BZF	BZF	BZF
Mäusebussard	1	2	3	4	3
Seeadler	0	0	0	1	1
Rohrweihe	11	8	10	10	16

*** Südbeck, P., H. Andretzke, St. Fischer, K. Gedeon, T. Schikore, K. Schröder & C. Sudfeldt (Hrsg. 2005): Methodenstandards zur Erfassung der Brutvögel Deutschlands. Radolfzell*

	2002	2003	2004	2005	2006
Wiesenweihe)*	2	BZF	BZF	0	0
Habicht	1	1	2	2	2
Turmfalke	0	0	1	0	0
Wanderfalke	1	1	1	1	1
Fasan	23	26	22	19	22
Rebhuhn	2	1	1	1	0
Wachtel	1	BZF	0	0	0
Wasserralle	5	10	4	2	5
Tüpfelralle)*	BZF	3	0	0	0
Wachtelkönig)*	0	8	0	0	0
Teichralle	0	0	1	4	0
Blässralle	165	154	233	158	201
Austernfischer	506	505	478	447	471
Säbelschnäbler	399	517	718	815	754
Flussregenpfeifer	1	0	0	0	0
Sandregenpfeifer	14	16	13	21	10
Seeregenpfeifer	BZF	7	10	7	10
Kiebitz	563	619	646	676	849
Kampfläufer)*	10	10	BZF	BZF	0
Bekassine)*	5	7	7	4	2
Uferschnepfe	57	47	43	53	53
Rotschenkel	376	404	371	378	403
Schwarzkopfmöwe)*	0	0	0	0	1
Lachmöwe	507	510	633	826	1129
Sturmmöwe	6	8	6	11	15
Silbermöwe	4	2	6	10	9
Mantelmöwe	0	0	1	1	0
Flussseeschwalbe	2	22	21	42	35
Küstenseeschwalbe	71	89	80	190	252
Trauerseeschwalbe	BZF	0	0	0	6
Sumpfohreule)*	0	5	0	0	0
Kuckuck	13	12	7	7	2
Eisvogel	0	1	1	2	0
Feldlerche	558	440	466	412	292
Wiesenpieper	442	424	405	367	372
Schafstelze	42	57	62	26	43
Bachstelze	38	41	53	31	23
Blaukehlchen	15	19	11	3	14
Feldschwirl	4	3	5	1	1
Rohrschwirl)*	2	0	0	1	0
Schilfrohrsänger	155	171	196	123	121
Sumpfrohrsänger	12	26	19	10	20
Teichrohrsänger	126	130	111	113	171
Bartmeise	5	3	8	2	0
Beutelmeise)*	0	0	1	0	BZF
Rabenkrähe	7	4	5	6	7
Kolkrabe	0	0	1	1	1
Bluthänfling	61	41	46	35	30
Rohrammer	292	296	311	289	263

Nahrung suchende Alpenstrandläufer im Flusswatt

Auf Zwischenstopp in der Eidermündung

Am Wattenmeer und in den Mündungen der großen Flüsse wie Elbe und Eider sind die riesigen Schwärme von Wat- und Wasservögeln ein beeindruckendes Naturerlebnis. Vor allem zur Zeit des **Vogelzuges** suchen bei Ebbe regelmäßig über 10 000 Vögel auf den Schlickwatten der Eidermündung nach Nahrung – vor der Eiderabdämmung 1973 waren es hier noch wesentlich größere Schwärme. Deutlich erkennbar ist der Heimzug der nordischen Brutvögel in den Monaten April und Mai, während der Wegzug sich vor allem in den Monaten August bis Oktober abspielt. Dies bedeutet aber keineswegs, dass in den anderen Monaten kein Vogelzug stattfindet. Zum einen kommen und gehen die Vögel nach einem arteigenen Fahrplan. Oft gibt es sogar innerhalb einer Art unterschiedliche Zugzeiten bei Vogelarten mit mehreren weit auseinander liegenden Brutgebieten. Auch die Männchen, Weibchen und Jungvögel einer Art haben nicht selten unterschiedliche Zugzeiten. Zum anderen ergänzen die Flüge zu den Mauserplätzen im Sommer oder wetterbedingte Ereignisse nach Schnee und Frost im Norden das Zuggeschehen (Winterflucht). Wie behält man bei dem Durcheinander den Überblick?

ab Seite 97

Mit Geduld und Bestimmungsbuch

Bei Ebbe ist der Tisch im Wattenmeer für Vögel reich gedeckt. Mit jeder Flut jedoch verdrängt das Wasser die gefiederten Gäste. Die Küstenvögel sammeln sich dann in den Vorländern an störungsarmen, trockenen Orten (Hochwasserrastplätze), um hier während der Flut zu ruhen und ihr Gefieder zu pflegen. Dies können Salzwiesen und Sandbänke im Wattenmeer, aber auch binnendeichs gelegene Marschwiesen sein. Zur Springtide, alle vierzehn Tage bei Voll- und Neumond, läuft das Wasser des Meeres besonders hoch auf und bedeckt in der Regel die Wattflächen vollständig.

Vor allem Enten, Watvögel und Möwen konzentrieren sich dann an wenigen bekannten Orten. Dabei werden besonders ruhige Plätzchen über viele Jahrzehnte von den gefiederten Gästen immer wieder aufgesucht – es bildet sich eine Tradition. Eigentlich eine gute Gelegenheit, den aktuellen Vogelbestand eines Lebensraums zu erheben, aber leicht zu zählen sind die Vögel an diesen Rastplätzen dennoch nicht, da sie sich in der Regel zu dichten Schwärmen zusammendrängen. In der Eidermündung kommt erschwerend hinzu, dass hier aufgrund der vielen Gewässer und der großen Grünlandgebiete weitere binnenländische Wat- und Wasservogelarten in großer Zahl vorkommen. Hier rastet ein bunt gefiedertes Durcheinander. Es braucht daher Übung und Geduld, um die Vögel eines Gebietes zu bestimmen und zu erfassen.

Die Dominanz der Entenvögel

Im Katinger Watt werden im Rahmen von Zählungen während des Hochwassers im Rhythmus von zwei Wochen die Wat- und Wasservögel regelmäßig erfasst. Mit Nonnen- und Graugans, Stock-, Brand- und Pfeifente sind hier gleich fünf Entenvögel am häufigsten (siehe Abb. rechts). Interessant ist, dass Nonnengänse allein schon einen Anteil von über 20 % und Stockenten von ca. 15 % aller beobachteten Wat- und Wasservögel eines Jahres ausmachen. Die häufigsten Watvögel sind Kiebitz, Alpenstrandläufer, Goldregenpfeifer und Säbelschnäbler. Unter den 22 häufigsten Vogelarten, die

Rastvogelerfassung auf den Eiderwatten

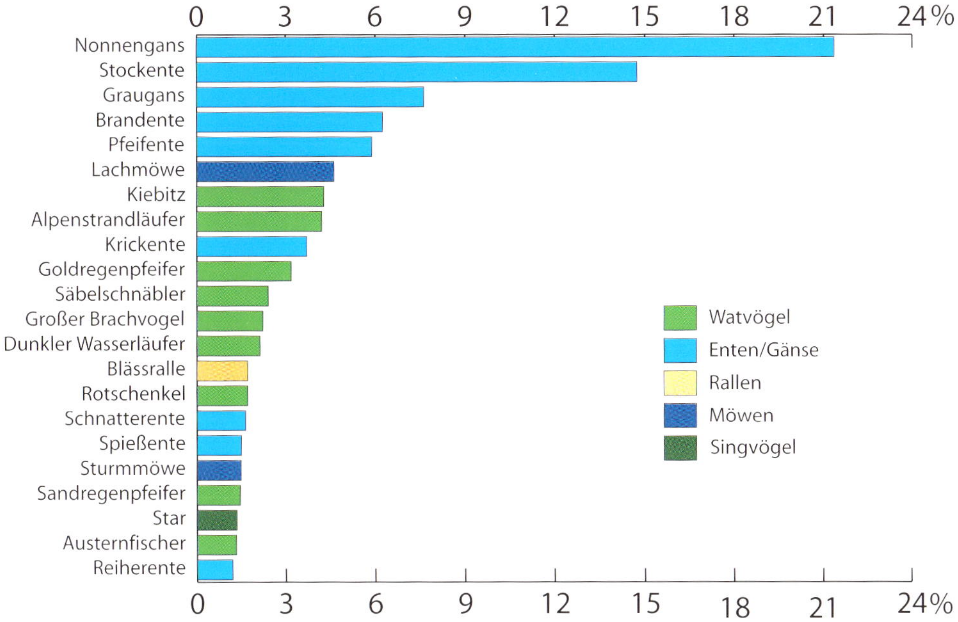

Abb. 12: Anteil der häufigsten Vogelarten (> 1 %), die im Rahmen von Springtidenzählungen (Zählungen während des Hochwassers) der Jahre 2003 bis 2005 im Katinger Watt erfasst wurden.

jeweils mehr als 1% aller notierten Vögel eines Jahres ausmachen, sind mit Lach- und Sturmmöwe lediglich zwei Möwenarten. Aus dem Rahmen fallen die Blässralle, eine typische Ralle der Binnengewässer, und der Star als einzige Singvogelart, die durch große Schwärme in den Feuchtwiesen auffällt.

Bei weitem noch nicht alle Vögel

Bei den Springtidenzählungen der Küstenvögel wird nur ein Teil der tatsächlich in den Gebieten der Eidermündung anwesenden Vögel erfasst. Kleine Singvögel oder versteckt lebende Arten wie Bekassine und Zwergschnepfe werden dabei oft übersehen. Auch Wald- und Röhrichtvögel bleiben unentdeckt. Sie lassen sich am besten mit sogenannten Transektzählungen erfassen. Hierbei wird in regelmäßigen Zeitabständen übers Jahr eine festgelegte Route langsam abgegangen und alle beobachteten Vögel werden notiert. Über den Zyklus eines Jahres gesehen ist so mit einfachen Mitteln z. B. der jahreszeitliche Wechsel der Arten und das Arteninventar in der Eidermündung aber auch einer Siedlungsstraße oder eines Stadtparks leicht zu erfassen. Diese Methode ist auch für vogel-

Bachstelze mit Futter im Schnabel

kundliche Anfänger geeignet, um vieles über die Gewohnheiten der Vögel und ihren Gesang zu lernen oder um die Norm von der Ausnahme zu unterscheiden. Auf zwei Transekten im Katinger Wald und auf den Eiderdammflächen wurden mit dieser Methode die Vogelarten erfasst.

ab Seite 80

Im **Katinger Wald** dominieren viele Singvogelarten, die auch Gartenbesitzer kennen (Zaunkönig, Kohl- und Blaumeise, Amsel, Rotkehlchen, Grünling). Erlenzeisig, Buchfink und Ringeltaube machen einen Anteil von über 10 % aller beobachteten Vogelarten aus. Unter den achtzehn häufigsten Arten ist die Ringeltaube die einzige Art, die nicht zu den Singvögeln zählt (siehe Abb. 7, Seite 81).

Auf den Eiderdammflächen ergibt sich eine völlig andere Zusammensetzung der Kleinvogelarten (siehe Abbildung unten). Hier dominieren Vögel des offenen Grünlandes wie Wiesenpieper, Bluthänfling, Star, Feldlerche und Bachstelze. Hinzu kommen Arten, deren Lebensraum das Schilfröhricht ist, wie Rohrammer und Schilfrohrsänger. Auf den Weiden und Mähwiesen ist auch die gut getarnte Bekassine regelmäßig zu beobachten. Die Wat- und Wasservögel, die regelmäßig im Rahmen der Springtidenzählungen notiert werden, werden in den Transektzählungen nicht erfasst.

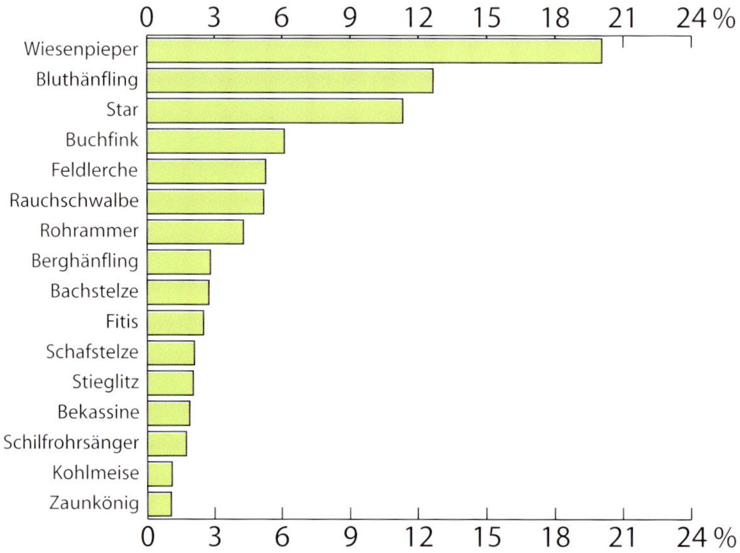

Abb. 13: Anteil der Vogelarten, die über 1 % der Lebensgemeinschaft von Kleinvögeln auf den Eiderdammflächen ausmachen (26 Zählungen von November 1999 bis Februar 2002; 16 Arten stellen 83 % der beobachteten Kleinvögel).

Der Frühlings-Flöter

Weit reichen die melodischen Rufe der Großen Brachvögel über die freigefallenen Schlickwatten der Eidermündung. Der größte heimische Watvogel (ca. 900 Gramm Körpergewicht) mit den auffällig langen Füßen und dem extrem langen Schnabel (bis 15 Zentimeter) ist hier mit dem Fernglas gut zu beobachten. Große Brachvögel stochern im Flusswatt nach kleinen Krebsen, Muscheln und Ringelwürmern. Die Weibchen sind größer und haben einen kräftigeren, längeren Schnabel als die Männchen. Vermutlich vermeiden die Geschlechter mit dem unterschiedlichen „Essbesteck" eine Konkurrenz um die Nahrung. So sieht man die Weibchen oft in den Watten, während Männchen häufig ins Binnenland fliegen, um hier auf feuchtem Grünland Kleintiere zu suchen.

Die Art brütet nur selten an der Nordseeküste Schleswig-Holsteins, hält sich aber ganzjährig in großer Zahl hier auf. In der Brutzeit (Mai bis Anfang Juni) werden am Wattenmeer nur einige Tausend Vögel gezählt, in der übrigen Zeit des Jahres sind es Zehntausende. Es ist ein ständiges Kommen und Gehen der Brutvögel Skandinaviens, Mittel- und Nordosteuropas. Die einen verbringen im Wattenmeer die Zeit der Gefiedermauser, andere legen auf dem Zug in die Überwinterungsgebiete rund um das Mittelmeer eine Fresspause ein und wieder andere verbringen hier den Winter. Interessant ist, dass die Weibchen oft bereits im Juni an der Eider erscheinen. Sie verlassen die Brutplätze frühzeitig, um den Männchen allein die übrige Aufzucht der Jungen zu überlassen.

Rotfuchs

Leben im Verborgenen

Säugetiere sind bei uns nicht leicht zu beobachten. In der Regel sind sie in der Nacht oder Dämmerung aktiv oder sie verstecken sich am Tage in unterirdischen Gängen und im Gewirr der Pflanzen. Bei einem Spaziergang sehen wir oftmals nur die größeren Säugetierarten. Die Tagebücher des NABU Naturzentrums zeigen für die Schutzgebiete der Eidermündung, dass der geduldige Beobachter hier am ehesten auf Feldhase, Reh, Bisam, Kaninchen und Fuchs treffen kann. Von den marderartigen Säugetieren wird man mit viel Glück Hermelin und Mauswiesel bei der Mäusejagd am Tage sehen können. Auf den Eiderfahrten mit dem Ausflugsschiff können regelmäßig Seehunde und selten sogar Schweinswale in der Eidermündung beobachtet werden. Besonders nahe Einblicke in das Leben der Seehunde bietet die Seehundaufzuchts- und Informationsstation Friedrichskoog (www.Seehundstation-Friedrichskoog.de).

Die Geheimnisse der Nacht

Der NABU führt auch regelmäßig Fledermausführungen durch, bei denen den „Geistern der Nacht" mit Geräten nachgespürt wird, die die Ultraschallrufe der flinken Flieger für Menschen hörbar machen. Regelmäßig können dabei Großer Abendsegler, Breitflügel-, Zwerg- und Wasserfledermaus vorgestellt werden. Seltener sind Kleiner Abendsegler und Rauhautfledermaus.

Die unbekannten kleinen Säugetiere

Im Rahmen eines Forschungsprojektes wurden auf einer Sumpfwiese und in einem Laubwald Kleinsäugetiere lebend gefangen (und später wieder frei gelassen). So erfährt man etwas über diese versteckt lebenden Arten, die in den verschiedenen Lebensräumen der Eidermündung vorkommen. Im Laubwald sind Erdmaus, Waldmaus, Wald- und Zwergspitzmaus (siehe Abb. rechts) häufig. Auf der Sumpfwiese im Wald leben zudem Zwergmäuse. Im Grünland der Schutzgebiete dominiert hingegen die Feldmaus. Seltener sind im Katinger Wald Maulwurf, Wasserspitzmaus und Schermaus. Die Vielfalt der kleinen Säugetiere in der Natur ist immer wieder faszinierend. Dabei schließen sich zwei ähnliche Arten in einem Lebensraum aus. Biologen unterscheiden drei Grundtypen bei den Kleinsäugetieren. Da ist zum einen der Gras und Kräuter fressende Wühlmaus-Typ. Diese Mäusearten haben einen walzenförmigen Körper, kleine Ohren und Augen sowie einen kurzen Schwanz. Die häufige Feldmaus gehört hierzu. Dann ist noch der Echtmaus-Typ zu nennen. Zu den „echten Mäusen" gehört die bekannte Hausmaus, aber auch Wald- und Zwergmaus. Sie ernähren sich von Sämereien, Früchten und anderen Pflanzenteilen. Vom Aussehen unterscheiden sie sich durch den langen Schwanz sowie durch die großen Ohren und Augen deutlich von den Wühlmäusen. Den dritten Typ stellen die Spitzmäuse. Sie sind sehr ursprüngliche Fleischfresser und mit den anderen Mäusen nicht verwandt. Von diesen Grundtypen der Kleinsäugetiere lebt jeweils nur eine Art in einem Lebensraum – es sei denn, dass sie aufgrund ihrer Körpergröße oder Ernährungsweise kein Konkurrent für eine dominante Art ist.

Waldspitzmaus

Die gefräßigsten Raubtiere der Welt

Spitzmäuse sind stammesgeschichtlich sehr ursprüngliche Tiere und mit Igel und Maulwurf verwandt. In der Eidermündung leben drei Arten, die Wasser-, Wald- und Zwergspitzmaus. Sie alle sind klein, haben aber einen unbändigen Appetit. Ihre Nahrung besteht aus Insekten, deren Larven und anderen wirbellosen Tieren. Oft stöbern sie in den unterirdischen Gängen von Mäusen, um Regenwürmer oder Mäusejunge zu fangen. Wasserspitzmäuse erbeuten auch kleine Fische und Frösche. Es klingt unglaublich, aber in der Stillzeit fressen die Weibchen pro Tag das Eineinhalbfache ihres eigenen Körpergewichtes. Wer einen solch großen Appetit hat, lebt besser allein. Treffen dennoch zwei Spitzmäuse zufällig zusammen, gibt es nicht selten Streit. Die quietschenden und zwitschernden Rufe der Spitzmäuse sind gelegentlich am Wegesrand im hohen Gras zu hören. Die kleinen Streiter selbst bleiben dabei meistens verborgen.

Die Wasserspitzmaus gehört mit ca. 10 bis 20 g Körpermasse zu den größeren Spitzmäusen, während die Zwergspitzmaus nur ca. 5–7 g wiegt. Erstere ist am und unter Wasser ständig auf der Suche nach Nahrung. Ihr dichtes Fell und Schwimmborsten an Hinterfüßen und Schwanz sind Anpassungen an dieses semiaquatische Leben. Im Katinger Watt bewohnt die Art die Gartenteiche des NABU Naturzentrums genauso wie Sumpfwiesen, Schilfröhrichte oder Grabenufer. Dennoch ist sie hier deutlich seltener als Wald- und Zwergspitzmaus. Besucher der Eidermündung werden am ehesten die anpassungsfähige Waldspitzmaus sehen (siehe unten), die sehr verschiedene Lebensräume bewohnt und im Laubwald genauso wie im feuchten Grünland heimisch ist. Gelegentlich töten Hermeline und Mauswiesel Spitzmäuse, ohne die (unangenehm riechende) Beute zu fressen. Die toten „Stinker" werden dann oft an Wegrändern deponiert, wo aufmerksame Spaziergänger einen Blick auf die gefräßigsten Raubtiere der Welt werfen können.

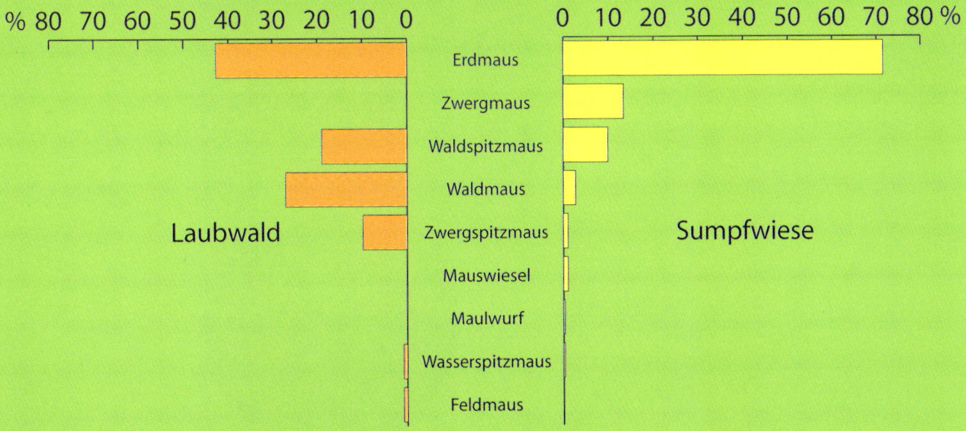

Abb. 14: Anteil von Kleinsäugetierarten, die im Katinger Wald mit Lebendfallen nachgewiesen wurden.

AMPHIBIEN

Erdkröten sind im Katinger Watt weit verbreitet

Ein Ort zum Frösche küssen ...

In See- und Flussmarschen Schleswig-Holsteins leben nur wenige Molch-, Frosch- und Krötenarten. Die brackigen Gewässer in Nähe zur Nordsee und windige, kühle Sommer sind nur etwas für (nordische) Spezialisten unter den Kriechtieren. Auch der Mensch schränkt die Vielfalt an Lebensräumen für die meisten Amphibienarten durch eine intensive Landnutzung in den Marschen ein (unter anderem großflächige Absenkung des Wasserspiegels, Umbruch von Grünland in Ackerflächen). Rückzugsräume finden Amphibien in einigen Schutzgebieten mit großräumigen Vernässungen.

Steht das Grundwasser hoch an und sind viele Kleingewässer vorhanden, dann vermehren sich Moor- und Grasfrosch rasch. Die sonnenexponierten, flachen Gewässer erwärmen sich im Frühjahr schnell und begünstigen so die Entwicklung der Froschlarven. Zudem bieten die **flachen Tümpel** Schutz vor großen Fischen, die den Kaulquappen hier nicht nachstellen können.

ab Seite 72

Tiefere, pflanzenreiche Gewässer bewohnt der in der Eidermündung seltene Teichfrosch (56). Die vierte, weit verbreitete Lurchart ist die Erdkröte. Sie zählt zu den häufigsten Lurchen Schleswig-Holsteins und ist sehr anpassungsfähig. Durch weite Wanderungen zu den Laichgewässern (Krötenwanderungen) unterscheiden sie sich von den anderen heimischen Froscharten, die eher kleinere Lebensräume besiedeln. Auch sind die Kaulquappen der Kröten für Fische kaum genießbar, sodass sie selbst in Fischteichen erfolgreich Nachwuchs aufziehen. In manchen Jahren wandern so viele kleine Kröten aus den Geburtsgewässern ab, dass von einem „Krötenregen“ gesprochen wird.

Seite 25, 30, 53

Besucher der Eidermündung werden nur gelegentlich direkt auf Frösche treffen, da sich diese tagsüber meistens verstecken (Kinder sehen sie in der Regel eher als Erwachsene!). An nicht zu windigen Tagen wird man die Balzrufe der Männchen während der Laichzeit wahrnehmen (Gras-, Moorfrosch: Anfang April bis Anfang Mai, Erdkröte: Anfang April bis Mitte Mai, Teichfrosch: Anfang Mai bis Mitte Juni) oder die Laichballen von Moor- und Grasfrosch sehen (Anfang April bis Anfang Mai). Deren Jungfrösche treten meist ab Mitte Juni bis Anfang Juli auf, junge Teichfrösche folgen etwa einen Monat später.

In den letzten Jahren fand sich auch regelmäßig „Sternenrotze“ auf den Deichen oder an den Wegen. Das sind weißliche Gallerthaufen, die Überreste von Froschweibchen, die gefressen wurden. Während der Frosch vollständig vom Beutegreifer verwertet wurde, blieb die Gallerte in den Eileitern als ungenießbarer Rest zurück. In den meisten Fällen dürften Mäusebussarde die Frösche erbeutet haben. An der Nordseeküste bleiben einige Amphibien auch in den Wintermonaten aufgrund der milden Witterung aktiv, sodass man selbst in dieser Zeit auf derartige Fraßreste oder sogar auf einen noch aktiven Frosch treffen kann.

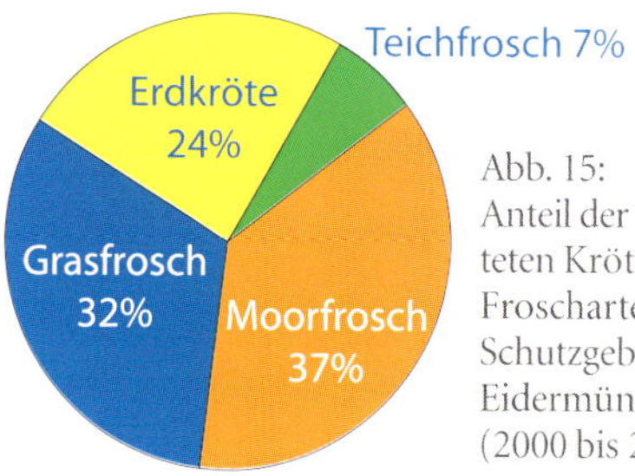

Abb. 15: Anteil der beobachteten Kröten- und Froscharten in den Schutzgebieten der Eidermündung (2000 bis 2005).

Frosch des Nordens

In den Marschen Schleswig-Holsteins ist der Moorfrosch die häufigste Amphibienart. In Bezug auf den Lebensraum ist er unter den hiesigen Klimabedingungen sehr anpassungsfähig und dementsprechend an vielen Gewässern zu finden – in schwach salzigen Dünentälern einiger Nordseeinseln, in Gräben der Seemarsch, in Sümpfen, in Fischteichen oder in Moorgewässern. Höchste Siedlungsdichten erreicht der Moorfrosch jedoch in staunassem Feuchtgrünland, da er stark besonnte Flachgewässer zum Laichen bevorzugt. Von Vorteil ist eine naturschonende Beweidung, um ein Zuwachsen der Gewässer zu verhindern.

Im April sind die Balzkonzerte der dann hellblau gefärbten Männchen bemerkenswert 55. An der Eidermündung lassen sie zu Hunderten ihren Balzruf hören, der so klingt, als würde jemand die Luft aus untergetauchten Flaschen blubbern lassen. Den Winter verbringen die Tiere in frostfreien Verstecken meist unter der Erde und nur selten am Grunde von Gewässern.

Seite
30, 53

In Gewässern findet sich hingegen zur Überwinterung regelmäßig der nah verwandte Grasfrosch ein, der sich mit dem Moorfrosch oft den gleichen Lebensraum teilt. Der Grasfrosch ist etwas größer, hat eine stumpfe Schnauze und weist auf dem Rücken nur selten den für Moorfrösche typischen breiten hellen Längsstreifen auf. Grasfrösche leben oft auch in Gärten und Gartenteichen der menschlichen Siedlungen, die der Moorfrosch eher meidet.

Männlicher Dreistachliger Stichling

Die fremden „Außerirdischen“

ab Seite 9

Vielen von uns bleibt die Lebensvielfalt in heimischen Gewässern verborgen. Die Erlebnisse mit Fischen beschränken sich nicht selten auf Angel- und Gartenteich, auf farbenprächtige Mitbewohner aus dem Amazonasbecken oder schlicht auf ein rechteckiges Hauptgericht für Kinder. Fische erscheinen uns (gefühls)fremd, da wir keinen begreifbaren Kontakt zu ihnen aufnehmen können. Oft bleibt nur der neugierige Blick durch die Scheibe eines Aquariums auf die unbekannten Welten. Das NationalparkZentrum Multimar Wattforum ▶ in Tönning (www.Multimar-Wattforum.de) bietet so einen Einblick unter die Wasseroberfläche der südlichen Nordsee. Mit aufwendiger Technik werden hier verschiedene Lebensräume dargestellt. Die Aquarien in den Naturzentren entlang der Küste bieten hingegen kleinere Unterwasserwelten zum Staunen. Darüber hinaus bietet sich an der Küste die Gelegenheit zu einem informativen **Seetierfang** mit einem Ausflugsschiff. Hier können vor allem typische Fisch-, Krebs- und Quallenarten des Wattenmeeres und der Flussmündung beobachtet werden.

Seite 44

Seite 63, 144

Das Verschwinden der Flussfische

Mit der wasserbaulichen Umgestaltung vieler Bäche und Flüsse durch Pumpen und Stauwehre verarmte rasch die heimische Fischfauna. Lebendige Flüsse mit Laichgründen und Versteckmöglichkeiten wurden in sterile Kanäle umgewandelt und die Wasserverschmutzung tat ein Übriges. Flusstypische wandernde Fischarten konnten ihre Laichgewässer nicht mehr erreichen, wurden selten oder starben aus. Zu ihnen zählen für das Gebiet der Untereider Meerneunauge, Finte, Lachs, Meerforelle, Nordseeschnäpel und Gemeiner Stör. Mit ihren „Brotfischen“ **verloren die Fischerfamilien am Fluss ihre Arbeit**. Nur wenige Arten wie Aal, Dreistacheliger Stichling und Stint haben die technischen Eingriffe in die Flusslandschaft bis heute in kleinen Beständen überlebt.

Nach der Eindeichung des Ästuars kam es auch im heutigen Katinger Watt zu deutlichen Veränderungen für die Fische. So entstanden Süßgewässer wie der Katinger Priel 25 oder der Ringpriel im Katinger Wald 26. Hinzu kamen künstlich angelegte Kleingewässer im Naturinformationsareal und auf den Eiderdammflächen. Durch die aktive Entwässerung der neu angelegten Ackerflächen und des Waldes wurde das Salz rasch aus dem Boden der ehemaligen Flussmündung gewaschen. Aus den nicht aktiv entwässerten Flächen wusch der Regen das Salz aus. Die nach der Eindeichung zunächst brackigen Gewässer verwandelten sich so in wenigen Jahrzehnten in Süßgewässer.

Einige typische Fischarten des Brackwassers konnten noch bis in die erste Hälfte der 1990er-Jahre im Katinger Priel nachgewiesen werden. Neben den oben genannten drei Wanderfischen waren es Flunder und Strandgrundel. Meeresfische, die höhere Salzgehalte im Wasser benötigen, wurden zu dieser Zeit nur noch als seltene Irrgäste im Katinger Watt nachgewiesen. Heute dominieren Fischarten der Süßgewässer in den Schutzgebieten zwischen Katinger Watt und Oldensworter Vorland. So sind neben den häufigen Stichlingsarten vor allem Aal, Karausche, Plötze und Flussbarsch verbreitet.

Verwandlungskünstler mit vielen Namen

Es ranken sich noch immer Geheimnisse um den Aal, der im hohen Alter von mitunter über 20 Jahren unsere Flüsse abwärts ins Meer wandert, um in der Sargassosee im Nordwest-Atlantik zu laichen. Dort schlüpfen – 6 000 Kilometer von Europa entfernt – in der Tiefsee kleine Aallarven, die nach etwa dreijähriger Wanderung gen Osten mit Hilfe des Golfstroms wieder die Küsten Europas erreichen. Sie haben dann die Gestalt eines durchsichtigen, schmalen Weidenblattes.

An der Küste angekommen wandeln sich die Larven zu pigmentlosen Glasaalen, die sich im Frühjahr (Mai) auch in der Eidermündung einfinden. Viele der jungen Aale wandern die Flüsse aufwärts (Steigaal), bekommen im Brack- und Süßwasser ihre Körperfärbung und leben dann als Gelbaal im Süßwasser. Die vielen Jahre in Flüssen und Seen bei uns dienen ausschließlich der Nahrungsaufnahme und dem Wachstum (Aalweibchen können bis zu 18 Jahre im Süßwasser bleiben). Vor der langen Rückwanderung in die Laichgründe vollzieht sich eine erneute Wandlung: Der Aal bekommt eine charakteristische Färbung (Blankaal), die Augen werden größer, Schwimmblase und Darm werden zurückgebildet. Blankaale durchwandern vor allem im Herbst die Eidermündung abwärts. Auf seiner letzten Wanderung in die Sargassosee wird der Aal geschlechtsreif. Dabei scheint das Geschlecht noch wandlungsfähig zu sein, sodass genetische Männchen noch Eierstöcke ausbilden können und genetische Weibchen sich in Männchen verwandeln können. Nach dem Laichen endet der Lebenszyklus der Aale.

Aber noch nicht genug der Namen: Die bei uns lebenden Aale wandeln ihre Körpergestalt je nach der Ernähungsweise. So gibt es Aale, die sich überwiegend von Fischen und Krebsen ernähren. Sie bilden einen breiten Kopf mit großem Maul aus (Breitkopfaal, Raubaal). Andere Aale spezialisieren sich auf kleine Beutetiere wie Würmer und Kleinkrebse. Diese Aale behalten eine schmale Schädelform (Spitzkopfaal). Aale können in feuchter Umgebung auch über Land wandern. Ihre schleimige Haut und die in Hauttaschen verdeckten Kiemen schützen sie vor dem Austrocknen. Die Fische können so einige der vielen Hindernisse umwandern, die ihnen der Mensch in die Flüsse und Bäche gebaut hat. Durch intensive Befischung der Aallarven im Ärmelkanal und Gewässerverschmutzung ist der Aalbestand europaweit stark im Rückgang.

Kleiner Fuchs und Weibchen des Großen Ochsenauges – häufige Tagfalter in der Eidermündung

Die heimlichen Weltherrscher

Die Arten- und Formenvielfalt der Insekten ist atemberaubend: Kaum eine Pflanzenart, an der sich nicht spezialisierte Insekten finden, kaum ein Baum, aus dessen Krone sich nicht ein Regen von Insekten und deren Larven herausschütteln ließe. Schätzungsweise die Hälfte aller Tierarten dieses Planeten sind Insekten. Die meisten Blütenpflanzen vertrauen ihr wertvollstes Vorhaben, die sexuelle Vermehrung, den krabbelnden Sechsbeinern an. Die Insektenbestäubung war eine der Triebfedern für die **Formen- und Farbenpracht der Pflanzen**. Insekten leben im Süßwasser und auch auf Salzwiesen, in Baumstämmen, auf dem Eis und in Erdhöhlen, aber auch in den Bücherregalen und Küchenschränken unserer Wohnungen. Sie bringen der Menschheit biblische Plagen (Wanderheuschrecke) und sind blutsaugende Plagegeister. Übrigens: Viele Krabbeltiere wie Spinnen, Weberknechte, Milben, Krebse oder Tausendfüßer sind nicht weniger formenreich, aber keine Insekten. Bei dieser Vielfalt kann ein Naturführer nur wenige Anregungen und auffällige Beispiele zum Nachforschen aufzeigen.

Seite 38

Von Blutströpfchen und Ochsenaugen ...

Hochsommer: Die Tage werden schon wieder ein wenig kürzer, und doch entfaltet der Sommer erst jetzt im Juli und August seine ganze Kraft. Er schickt seine Sommervögel, die Schmetterlinge und Libellen, übers Land. Schon immer haben die beschwingten Flieger die Phantasie der Menschen angeregt, wurden zu Boten des Sommers und zu Symbolen der Lebensfreude. Die eher kühlen, windigen und nassen Sommer an der Nordseeküste sind für viele Insekten nicht ideal. Und doch sind Tagschmetterlinge stete Begleiter auf den Blumenwiesen von Eiderdammflächen und Nullgebiet oder am Rande von lichtdurchfluteten Waldwegen im Katinger Wald. Zu den häufigsten Farbtupfern gehören die wandernden Schmetterlinge Admiral und Distelfalter, aber auch Kleiner Fuchs und Tagpfauenauge, die vor allem zur Zeit der Distelblüte an Wegrändern oder am Sommerflieder und auf faulendem Obst in Gärten zu finden sind.

Auf den naturnahen Mähwiesen im Katinger Watt finden sich in großer Zahl Kleiner Heufalter und Großes Ochsenauge, seltener **Hauhechel-Bläuling**, Kleiner Feuerfalter, Schwarzkolbiger Dickkopffalter und Sechsfleck-Widderchen, das seiner auffälligen Färbung den Beinamen „Blutströpfchen" verdankt (siehe rechts).

Seite 133

Über Feuchtwiesen fliegt im April und Mai der in der Marsch seltene Aurorafalter auf der Suche nach Wiesen-Schaumkraut, der Nahrungspflanze für seine Raupen. Dabei werden Pflanzen, die im Halbschatten stehen, zur Eiablage bevorzugt. In vielen Lebensräumen finden sich hingegen die häufigen drei Weißlingsarten: Grünader-, Großer und Kleiner Kohlweißling. Waldschmetterlinge sind im künstlich angelegten Katinger Wald auch dreißig Jahre nach der Aufforstung immer noch selten: Landkärtchen, Zitronenfalter und Schornsteinfeger sind am ehesten auf halbschattigen Lichtungen und an Waldrändern zu finden. Der Zitronenfalter fliegt schon Ende März an den ersten Sonnentagen, weil er als Falter überwintert. Er geht im Mai nach der Eiablage erneut in eine Ruhephase, um im August nochmals zu fliegen. So ist er mit Abstand unser langlebigster Schmetterling.

Wenn Blutströpfchen fliegen

Schmetterlinge haben einen guten Ruf. Mit ihrem spielerisch wirkenden Flug verbinden wir Menschen Sonnenschein und Blumenwiesen. Die Mehrzahl der bunten Flieger stellt gehobene Ansprüche an ihren Lebensraum, z. B. an die Art und den Wuchsort der Futterpflanzen ihrer Raupen oder an den Nektarreichtum einer Wiese. Einige der Arten wandern einmal im Leben über große Strecken, bis nach Nordafrika, wie beispielsweise der Distelfalter. Andere Arten, wie der Lungenenzian-Ameisen-Bläuling, verbringen einen Teil ihrer Raupenzeit bei Gasteltern in Ameisennestern. Viele der Lebensräume für Schmetterlinge gingen aufgrund der Zersiedelung sowie der intensiven Nutzung unserer Landschaft verloren – entsprechend selten sind viele Schmetterlingsarten geworden.

Ein stammesgeschichtlich ursprünglicher Schmetterling ist das Sechsfleck-Widderchen oder Blutströpfchen, das oft im Juli über den nährstoffarmen Wiesen des Naturinformationsareals im Katinger Watt fliegt 53. Die kräftigen, etwas gekrümmten Fühler erinnern an ein Ziegenböckchen und verhalfen der Art zum Namen „Widderchen". Die blutroten Punkte auf den Flügeln sind eine Warnfarbe für hungrige Insektenfresser: Blutströpfchen sind giftig. Sie enthalten hohe Konzentrationen von Blausäure in der Blutflüssigkeit. Die Art profitiert in den Schutzgebieten an der Eider von einer naturschonenden Beweidung, wodurch die Vegetation offen und lückig gehalten wird (sonniges, warmes Mikroklima). Die Raupen des Widderchens benötigen Kleearten wie den Hornklee (Bild Seite 66) als Nahrungspflanzen, während die Falter überwiegend an rot- und violettblühenden Nektarpflanzen nach Nahrung suchen.

Seite 53

Weißrandiger Grashüpfer – die häufigste Heuschrecke im Katinger Watt

Stehgeiger auf Blumenwiesen

Der Sommer ist auch die Zeit der Musikanten unter den heimischen Insekten – der Laub- und Feldheuschrecken (Grashüpfer). In der blütenreichen Farbenpracht der Mähwiese oder entlang von trockenen Wegrändern leben in der Eidermündung einige wenige Heuschreckenarten. So ist auf den Feuchtwiesen der Weißrandige Grashüpfer verbreitet. Er ist auch landesweit die häufigste Art. Deutlich seltener ist hier im langen Gras die Kurzflügelige Schwertschrecke. An trockenen Wegrändern oder auf den Südhängen der Deiche findet sich gelegentlich eine weitere Feldheuschrecke, der Braune Grashüpfer. Im gleichen Lebensraum hat sich die farbenprächtige Wespenspinne (Bild Seite 128) angesiedelt, die in ihren reißfesten Netzen regelmäßig Heuschrecken fängt. Sie war ursprünglich im Mittelmeergebiet und in Süddeutschland verbreitet, konnte ihren Lebensraum in den letzten Jahrzehnten aber deutlich gen Norden erweitern.

Seite 72

Auffällig ist bis weit in die Abendstunden des Sommers der Gesang des Grünen Heupferdes an Waldrändern, in Hecken und auf brachliegenden Flächen. Diese große, grüne Laubheuschrecke frisst außer Blättern auch kleinere Insekten und kann recht kräftig beißen – vor handgreiflicher Neugierde sei daher gewarnt! Vermutlich mit Büschen wurde die Strauchschrecke in das Katinger Watt eingeschleppt. Die Art meidet das atlantische Klima der Marschen. Sie konnte sich dennoch im Katinger Watt lokal über einige Jahre halten, wird hier in letzter Zeit aber immer seltener.

Lebende „Hubschrauber" auf Beutezug

Bei einem Spaziergang im Spätsommer fallen in der Nähe von Gewässern die Großlibellen bei ihren schnellen Beuteflügen auf. Häufig ist die wendige Blaugrüne Mosaikjungfer, aber auch die nah verwandten Arten Herbst- und Braune Mosaikjungfer sind anzutreffen. Ebenfalls recht groß und auffällig sind Großer Blaupfeil, Vierfleck und Plattbauch, die in der Eidermündung eher selten auftreten.

Von mittlerer Körpergröße sind die häufigen **Heidelibellen**, von denen – mit Ausnahme der Schwarzen Heidelibelle – die Weibchen meist eine braune, die Männchen eine rote Färbung zeigen. Nur bei genauem Hinschauen sind Gemeine, Blutrote und Gefleckte Heidelibelle zu unterscheiden. Ihnen kann man vor allem im Naturinformationsareal und im Nullgebiet begegnen.

Zu den Kleinlibellen zählen die seltenen Fledermaus- und Hufeisen-Azurjungfern, die Gemeine Binsenjungfer, aber auch die häufigste Libelle in der Eidermündung überhaupt, die Gemeine Pechlibelle. Sie hat einen hellblauen Ring am Ende des sonst schwarzen Körpers. Die Kleinlibellen halten sich meist an Gräben auf, wo sie sich im Pflanzendickicht der Uferzone verbergen. Alle genannten Libellenarten sind landesweit recht weit verbreitet, mit einem Verbreitungsschwerpunkt im Südosten Schleswig-Holsteins.

Harte Schale, weicher Kern

Besonders zahlreich unter den Insekten sind die Käferarten. Die meisten sind allerdings unscheinbare Winzlinge und ihre Bestimmung ist etwas für sehr geduldige Zoologen. Käfer sind in der Regel von einem sehr festen Außenskelett aus Chitin umgeben, das die Organe, die Nerven und Muskeln im Innern des Körpers schützt. So können wir den Glücksbringer unter den Käfern, den Siebenpunkt-Marienkäfer, vorsichtig in die Hand nehmen, ohne ihn zu zerbrechen.

Siebenpunkt-Marienkäfer

Unter den auffällig großen Laufkäfern sind der Körnige Laufkäfer (es gibt viele ähnliche Arten), aber auch Hain-Laufkäfer und Goldleiste in der Eidermündung verbreitet. Laufkäfer sind sehr beweglich und ernähren sich meistens räuberisch. Wer im Katinger Wald spazieren geht, wird gelegentlich auf den Ölkäfer, auf den leuchtend roten Feuerkäfer oder auf auffällig große Arten wie Moschus- oder Pappelbock treffen. Nicht selten sind auch der Grüne Nessel-Blattrüssler auf Brennnesseln, der dunkelblaue Kugelige Erlenblattkäfer und der nur schwer bestimmbare, metallisch-blaugrün glänzende Unechte Kohlerdfloh, der auf Weidenröschen lebt. Wer die Pflanzen kennt, der wird die Käfer finden!

Viel leichter zu bestimmen sind zwei über drei Zentimeter lange Riesen unter den Käfern, die im Wasser leben. Sehr häufig in allen Süßgewässern der Eidermündung ist der auffällige Gelbrandkäfer, eine räuberische Art, die selbst Kleinfische erbeutet und beim Tauchen Atemluft unter den Flügeln speichert. Sehr selten ist hingegen der Große Kolbenwasserkäfer, der als erwachsenes Tier Pflanzen frisst und seine Fühler als Atemschnorchel nutzt.

Im und auf dem Süßwasser finden sich darüber hinaus oft Wasserwanzen, wie Rückenschwimmer, Ruderwanzen, Wasserläufer oder Wasserskorpione. Achtung: Sowohl die Larven des Gelbrandkäfers als auch die Rückenschwimmer („Wasserwespe“) können empfindlich beißen oder stechen!

Besonders spannend ist die Lebensweise einiger Aaskäfer, denen man an toten Tieren begegnen kann. Wer sich nicht von dem Ekel vor einem toten Tier abschrecken lässt, der kann hier den Schwarzen Totengräber, den auffällig schwarz-rot gezeichneten Totengräber der gleichen Gattung oder die Rothalsige Silphe antreffen. Nicht mit den Käfern verwandt sind die auf den ersten Blick recht ähnlichen Zikaden, von denen die auffällig schwarzrote Blutzikade, die an den Waldrändern des Katinger Waldes vorkommt, oft mit Käfern verwechselt wird. Erschreckt man sie, springt sie mit einem riesigen Satz davon, was in ihrer Größenklasse (ca. 1 cm) kein einheimischer Käfer kann.

Feuerkäfer

Körniger Laufkäfer

Ölkäfer – per Anhalter zur Vollpension

Bei einem Spaziergang am Südhang der Deiche oder auf sonnigen Wegen im Katinger Wald fallen im April/Mai große, blauschwarz-glänzende Käfer am Boden auf. Die Tiere sind flugunfähig, krabbeln aber ohne Scheu gemächlich umher. Der Hinterleib der Weibchen ist zu dieser Jahreszeit oft prall mit Eiern gefüllt, sodass die Flügeldecken den Hinterleib nicht mehr bedecken können. Diese Ölkäfer oder Maiwurm genannten Tiere (unter anderem *Meloe proscarabaeus*) stoßen bei Bedrohung eine ölige, giftige Körperflüssigkeit an den Knien aus (Reflexbluten). Sie ist auch bereits in kleinen Dosen für den Menschen giftig – was die Griechen im Altertum nicht davon abhielt, aus den Körperflüssigkeiten verwandter Käferarten Liebestränke herzustellen! Später kamen Ölkäfer auch für Giftmorde in Mode.

Die Larvenentwicklung der parasitischen Käfer ist sehr kompliziert: Die Ölkäferweibchen legen sehr viele Eier, da die Larvenentwicklung sehr verlustreich ist. Die Eier werden einfach auf den Boden gelegt. Aus ihnen schlüpfen kleine bewegliche Larven (die sogenannten Triungulinus-Larven), die blühende Pflanzen erklettern und hier auf den Besuch einer Sand- oder Erdbiene warten (bei uns sind es oft Bienen der Gattung *Andrena*). Die allermeisten der Larven finden keinen Blütenstiel oder treffen nicht auf das richtige Wirtsinsekt und sterben bald. Besucht aber die richtige Bienenart die Blüte, klammern sich die Larven an ihr fest und werden ins Erdnest der einzeln lebenden Biene (Solitärbiene) gebracht. Im Bienennest fressen die Käferlarven den Nachwuchs und die Nahrungsvorräte der Wirtseltern. Nach mehrmaliger Verwandlung (Häutungen, Verpuppung) krabbelt im nächsten Frühjahr ein prächtiger Ölkäfer aus der Erde.

Sandbiene *Andrena vaga*

Exuvie - Körperhülle einer geschlüpften Libelle

Männchen der Blaugrünen Mosaikjungfer

Libellen – Flugkünstler für einen Sommer

Schon vor rund 250 Millionen Jahren lebten Libellen auf der Erde. Ihre Körpermaße waren mit Flügelspannweiten bis ungefähr 60 Zentimeter im Vergleich zu ihren heutigen Verwandten riesig. Seit jener Zeit hat sich wenig am Bauplan des Körpers, an der Entwicklung der Larven oder an der Lebensweise als Beutegreifer geändert. In der Eidermündung ist die Blaugrüne Mosaikjungfer von Juni bis in den Oktober häufig. Die Larven der Art entwickeln sich über zwei bis fünf Jahre in einer Vielzahl stehender Gewässer – von den Gartenteichen des NABU Naturzentrums bis zu größeren Staugewässern im Katinger Wald. Gelegentlich findet man die trockene Haut (Exuvie) einer geschlüpften Larve an Uferpflanzen. Einmal geschlüpft, sind die Männchen auf ihren Patrouillenflügen entlang der Gewässer und Waldwege am Tage ständig auf der Suche nach Nahrung oder Weibchen. Libellen ergreifen im Flug mit ihren borstigen Beinen andere Insekten, die sie auch in der Luft verzehren.

Mit Glück kann man einmal eine ruhende Libelle betrachten: Sie hat riesige Facettenaugen, die bei den Großlibellen über dem Kopf zusammenstoßen – bei den Kleinlibellenarten dagegen nicht. Ihre vier Flügel machen sie zu wendigen Flugjägern. Übrigens – trotz des langen Hinterleibes können Libellen nicht stechen; das ist Aberglauben. Ihren zweifelhaften Ruf haben die Libellen vermutlich der früheren Verehrung als Tiere der germanischen Göttin Freyja zu verdanken. Mit der christlichen Missionierung sanken sie ebenso wie die vormals verehrten Wölfe und Kolkraben im Ansehen der Menschen. Fortan sprach der Volksmund von „Augenstechern“ und „Teufelsnadeln“, anstatt weiterhin ihre Schönheit zu bewundern.

Die Entdeckung der Langsamkeit

Alleine, zu zweit oder in der Gruppe – die Entspannung in der Natur zieht viele Naturfreunde immer wieder nach draußen. Das Wahrnehmen wird noch intensiver, wenn man mit geringem Tempo durch die Landschaft streift, also zu Fuß oder mit dem Rad. Doch wohin? Und zu welcher Jahreszeit gibt es Interessantes zu sehen? Wir haben für Sie Touren zusammengestellt, die Ihnen einige Möglichkeiten zeigen, das Katinger Watt und seine Bewohner kennenzulernen.

Fünf verschiedene Wander- und Radtouren finden Sie im Folgenden. Für jede Strecke wird die Gesamtlänge angegeben – wie viel Zeit Sie jedoch benötigen die Strecke zu bewältigen, hängt natürlich immer davon ab, was es unterwegs zu sehen und zu erleben gibt. Das Tempo eines Naturforschers ist wohl in den meisten Fällen eher als langsam zu bezeichnen – vielleicht ist es deshalb so erholsam sich in der Natur zu bewegen und seine Umgebung mit offenen Augen zu betrachten. Wer seine Kenntnisse zusätzlich während einer Führung durch die MitarbeiterInnen des NABU noch weiter vertiefen möchte, sollte sich das Veranstaltungsprogramm näher ansehen. Sie erhalten es direkt im NABU Naturzentrum Katinger Watt, über zahlreiche Auslagen in Geschäften, bei den Tourismusinformationsstellen der Region oder im Internet unter www.NABU-Katinger-Watt.de. Es gibt zahlreiche Möglichkeiten, das Erkunden der Natur auf eigene Faust mit den angebotenen Veranstaltungen zu kombinieren. Toiletten, Picknick- oder Rastmöglichkeiten finden Sie ebenfalls im Naturzentrum oder in den Gaststätten des Katinger Watts.

Wegerichblüte mit Kuckucksspucke, dem Nest der Schaumzikade
Linke Seite: Wespenspinne – eine seltene Art im Katinger Watt

BHF
Kating
Katingsiel
NABU Naturzentrum Katinger Watt
P
58
69
47
17
59
68
67
66
64
18
63
6
16
51
31
63
9
42
43
62
27
61
71
7
40
60
Nationalpark Wattenmeer
Eidersperrwerk
Eider

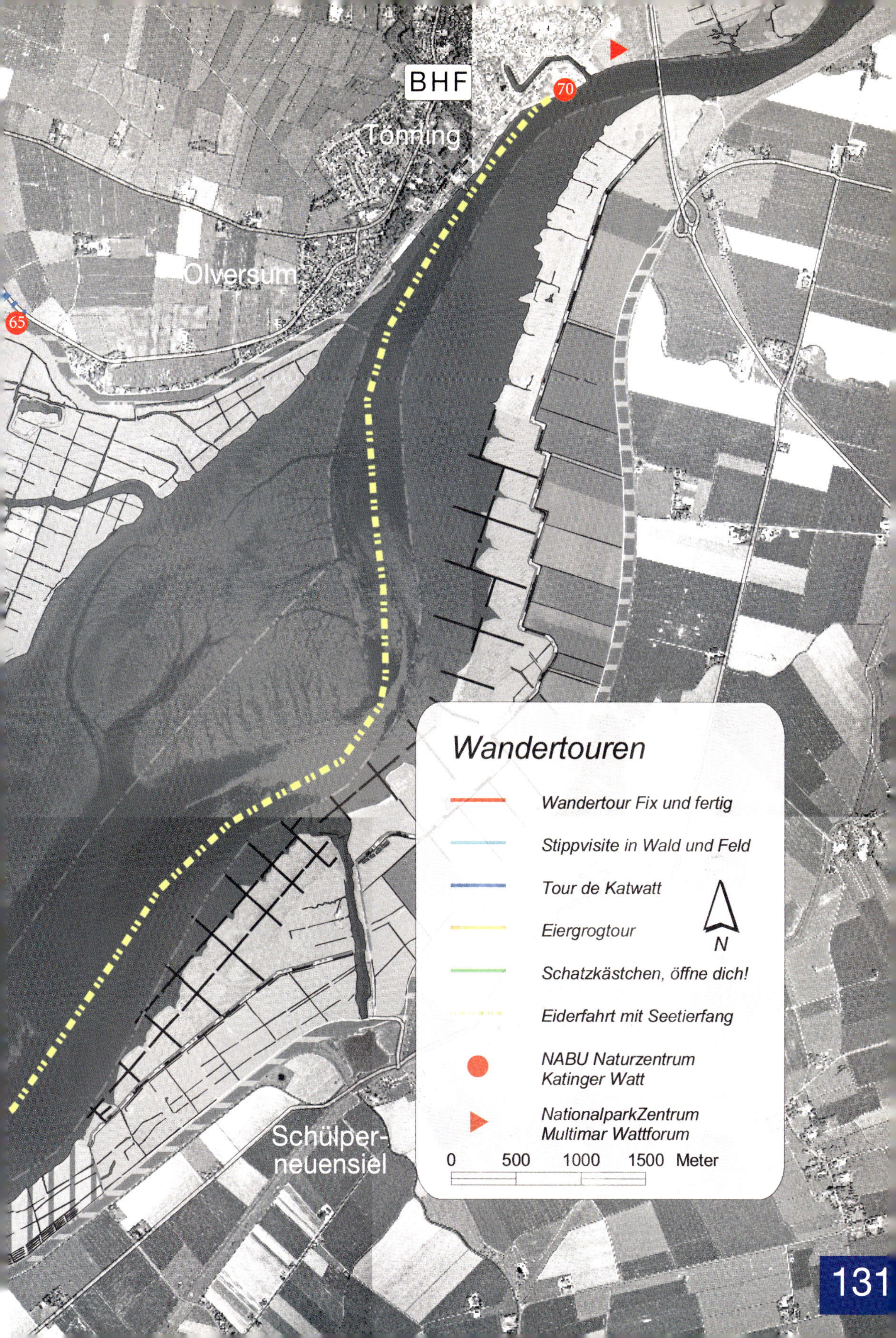
BHF
70
Tönning
Olversum
65
Schülper-
neuensiel
Wandertouren
Wandertour Fix und fertig
Stippvisite in Wald und Feld
Tour de Katwatt
Eiergrogtour
Schatzkästchen, öffne dich!
Eiderfahrt mit Seetierfang
NABU Naturzentrum Katinger Watt
NationalparkZentrum Multimar Wattforum
N
0 500 1000 1500 Meter

Dornige Hauhechel – eine typische Pflanze sandiger Standorte

Schatzkästchen, öffne dich!

Bequeme Rundwanderung (5 km) um das Nullgebiet mit Parkmöglichkeiten und kleinen Unterständen am Ausgangspunkt der Wanderung und auf halber Strecke am Kiek ut.
Für alle ● siehe Seite 130.

Seite 36

Dieser Rundweg bietet eine Vielfalt der typischen Landschaftselemente in der Eidermündung (Schlickwatten mit Fernblick, blütenreiches Feuchtgrünland, naturnahe Viehweiden, Laubwald). Das zentral gelegene **Nullgebiet ist ein botanisches Schatzkästchen**, das aber auch zoologisch einiges zu bieten hat.

Seite 38

Seite 46

Ausgangspunkt der Wanderung ist ein kleiner Parkplatz an der Kreisstraße 41. Ein kurzer Weg führt zum geteerten Leitdamm 9, auf dem es sich bequem gehen lässt, mit weitem Blick über den Fluss. Wer sich für die Pracht der **Orchideen** auf den feuchten, nährstoffarmen Flächen begeistert, sollte hier zur Blütezeit von **Knabenkräutern und Sumpfwurz** im Mai und Juni auf die wundervollen Blütenstände in Nähe des Leitdamms achten. Das Blütenmeer wird großflächig durch die rosa Farbtupfer der Kuckucks-Lichtnelke oder das strahlende Gelb des **Großen Klappertopfes** auf der Mähwiese bereichert. Dieses Schauspiel ist allerdings jahreszeitlich eng begrenzt und endet in den meisten Jahren wieder im Juni.

ab Seite 97

Besonders in der ersten Hälfte des Monats Mai sind zahlreiche **Rastvögel** Gäste im Nullgebiet. **Reisende aus fernen Ländern** auf dem Weg von den Überwinterungsgebieten in die nördlichen Brutgebiete halten sich dann großräumig in der Wattenmeerregion auf. Watvögel wie Knutt, Pfuhlschnepfe, Kiebitzregenpfeifer und Alpenstrandläufer sind in großen Schwärmen auf den Eiderwatten zu sehen. In dieser Zeit tragen die Vögel ihr Prachtkleid, was die Bestimmung erleichtert. Eine gute Gelegenheit für Verhaltensstudien der nach Nahrung suchenden Tiere bietet die Zeit des auflaufenden Wassers. Vom Leitdamm aus liegen die Schlickwatten am Tage allerdings im Gegenlicht, sodass sich die späten Nachmittags- und Abendstunden für die Beobachtungen empfehlen.

Nimmt man sich die Zeit, ein wenig zu warten, werden die Vögel von der auflaufenden Flut von den Wattflächen bis nahe an den Leitdamm zusammengeführt. Sind alle Wattflächen überflutet, rasten einige Vögel im Nullgebiet, wo sie aus verhältnismäßig geringer Entfernung zu beobachten sind. Dann lassen sich auch nicht so häufige Watvogelarten identifizieren: Zwerg- oder Temminckstrandläufer, Dunkler Wasserläufer oder gar Seltenheiten wie der Terekwasserläufer können mit etwas Geduld zwischen den häufigen Arten gesichtet werden. Ebenso ist zur Zugzeit im August und September eine erhöhte Anzahl an Arten und Individuen im Gebiet zu erwarten. Und egal, ob Sie die Gefiederstruktur einzelner Tiere betrachten möchten oder das Nebeneinander verschiedener Arten genießen wollen, hier bekommen Sie alles wie auf dem sprichwörtlichen Silbertablett präsentiert.

Landseitig bietet sich vom Leitdamm aus ein Blick über das **Grünland** bis zum südlichen **Waldrand**. Auf den naturschonend genutzten Weiden im Vordergrund grasen robuste Weidegänger wie Galloway-Rinder oder Shetland-Ponys. Ihren Lebensraum teilen sie mit zahlreichen Brutvögeln wie Kiebitz, Uferschnepfe, Rotschenkel und Bekassine. Sollten Sie an windigen Tagen einen Spaziergang

Männlicher Hauhechel-Bläuling, ein Bewohner trockener Wegränder im Katinger Watt

auf dem Leitdamm machen, werden Sie den Windschutz des Waldes schätzen. Im Laufe des Jahres ändern sich hier beständig die Farben von Blumenwiese und Waldrand. Vom Erreichen des Bruchwaldes am nordöstlichen Ende des Leitdammes bis zum Ende des Weges begleitet den Wanderer in den Monaten April bis Juni der **vielstimmige Gesang** der baumbrütenden Singvogelarten wie Buchfink, Zilpzalp und Stieglitz. Gelegentlich sind die Rufe von Kolkrabe und Mäusebussard zu hören.

Amphibienfreunde werden im Frühjahr die Anwesenheit von Moor-, Gras- und Teichfrosch hören können. Vor allem ein Gewässer am Bruchwald 6 und der Waldsee 31 werden von den Tieren zur Laichzeit (März bis Juni) aufgesucht. Auch von den Flachgewässern der „Grünen Insel" sind im April an windarmen, sonnigen Tagen die „Gesänge" der **Moorfrösche** zu hören.

Gewissermaßen am Wendepunkt der Wanderung von West nach Ost besteht die Möglichkeit, vom Aussichtsturm Kiek ut 18 einen Blick über die **„Grüne Insel"** zu werfen, wo sich vor allem im Oktober und von April bis Anfang Mai große Schwärme von Nonnengänsen aufhalten. Regelmäßig rasten hier Brand-, Pfeif- und Krickenten. Das Brutgeschehen auf der „Grünen Insel" wird von Säbelschnäbler, Austernfischer, Kiebitz und Lachmöwe dominiert. In manchen Jahren brüten im weiträumigen Grünland seltene Arten wie Spießente und Schwarzkopfmöwe. Von hier aus bietet sich die Möglichkeit, weiter in den Katinger Wald zu wandern. So beginnt am Kiek ut der **Waldlehrpfad** der Jägerschaft.

Diese Route folgt hingegen dem Radweg entlang der Kreistraße 41 in Richtung Westen bis zum **Waldsee**. Dort herrscht an den meisten Tagen des Jahres ein reges Vogelleben. Auf diesem Gewässer hält sich eine Vielzahl von Wasser- und Röhrichtvögeln auf. Hier brüten Zwergtaucher, Graugans, Schnatter- und Reiherente, Blässralle, Teichrohrsänger und Rohrweihe. Besonders in den Monaten Juni und Juli ziehen die Vögel hier ihre Jungen auf, sodass sich ein unmittelbarer Blick in die Kinderstube der Vögel bietet. Vor dem Laubaustrieb der Bäume lässt sich von der Straße aus auch das Nest des **Seeadlers** beobachten, ohne dass die mächtigen Vögel gestört werden.

alle
Seite 130

Seite 87

Nur wenige hundert Meter vom Waldsee entfernt sind Sie wieder am Ausgangspunkt der Wanderung angekommen.

Seite 119

Mähnen-Gerste im Nullgebiet

Blick vom alten Eiderdeich auf die Lachmöwenkolonie im Naturinformationsareal

Die Eiergrogtour

Seite 93

Wandertour von etwa 8 km Länge auf befestigten Sandwegen mit je nach Jahreszeit teilweise aufgeweichten Streckenabschnitten im Wald – festes bis wasserdichtes Schuhwerk wird empfohlen. Parkmöglichkeiten am NABU Naturzentrum Katinger Watt. Ein Unterstand im Wald.
Für alle ● siehe Seite 130.

Die Vorfreude auf den gemütlichen Abschluss soll hier gleich zu Anfang geschürt werden: Die Einkehr in die älteste Schankwirtschaft Eiderstedts, deren Spezialität ein Eiergrog ist 58. Aber vor dem kulinarischen Vergnügen steht ein gemütlicher Waldspaziergang.

Das erste Stück des Weges verläuft auf dem alten Eiderdeich, der mit der Errichtung des Eiderdammes zur zweiten Deichlinie wurde. Von dieser erhöhten Warte aus hat man einen weiten Blick über das Naturinformationsareal und den Katinger Wald im Hintergrund. Gut sichtbar sind die **Beobachtungshütten** 17 zwischen den Sichtschutzwällen. Diese Verstecke bieten die Möglichkeit, Vögel aus nächster Nähe zu beobachten. Ein wenig Geduld und Zeit ist mitzubringen, da die interessantesten Beobachtungen nicht im Vorbeigehen zu machen sind. Besonders vielfältig ist das Vogelleben vor den Hütten in den Monaten März bis September, wobei sich die Geduld im April und Mai aufgrund der bunten Prachtkleider der Enten besonders lohnt.

Seiten 55

Bei unserer Tour auf dem alten Eiderdeich zeigen die gesellig lebenden **Graugänse** ab April ihr Familienleben, das gut mit einem Fernglas vom Weg aus zu beobachten ist. Auf den Weiden des Naturinformationsareals führen die Altvögel ihre Kükenschar aus, die in den ersten Lebenstagen noch recht tollpatschig durch das frische Grün klettert und unter stetem Schnattern auf Nahrungssuche geht. Einige Wochen später ist die zentral gelegene **Möweninsel** 47 bis auf den letzten Platz von Lachmöwen besetzt, die geschäftig nach Nistmaterial suchen, sich mit den Nachbarn streiten oder balzen.

Das Rufen der Möwen ist auch noch zu hören, wenn Sie den Deich verlassen, um in Richtung **Wald** abzubiegen. Eben noch erhöht und mit ausgezeichneter Weitsicht ändert sich das Bild auf dem kurzen Weg bis zum Waldrand schnell. Mit dem Eintauchen in das Waldreich überholen unsere Ohren die Augen als wichtigste Sinnesorgane. Auch wenn man hier und da ein Tier durch die Bäume huschen sieht, kann man noch mehr entdecken, wenn man lauscht. Im April und Mai sind besonders die **Vogelkonzerte** in den frühen Morgenstunden und auch gegen Abend zu empfehlen. Dann schmettern Zaunkönig und Buchfink um die

Feldhase

Blässralle beim Nestbau am Rande eines Schilfgürtels

Wette, oder es sind die melodischen Gesänge von Mönchsgrasmücke, Rotkehlchen und Singdrossel zu hören. Ruft ein Kuckuck oder ein Pirol? Der NABU bietet im Frühjahr Wanderungen an, bei denen die **Sänger des Waldes** im Mittelpunkt stehen.

Vom späten Frühjahr bis in den Sommer trifft man an den Wegrändern auf allerlei wärmeliebende **Insekten** wie Wildbienen, Tagfalter und verschiedene Käferarten. Auch einige Blütenpflanzen nutzen die sonnigen Plätze der Wegschneisen, um der schattigen Konkurrenz der Bäume zu entkommen.

Der Waldweg quert im ersten Abschnitt des Weges einen Teil des **Katinger Priels**, kommt nach 500 Metern an einer kleinen Schutzhütte 59 vorbei und begleitet später den **Ringpriel**. In der Röhrichtzone der Gewässer zeigen sich dem geduldigen Beobachter im Frühjahr brütende Graugänse, Blässrallen oder Zwerg- und Haubentaucher von Nahem. Im Juni und Juli sind hier die Vogelfamilien auf Nahrungssuche.

Im Herbst, wenn die Vogelkonzerte verstummt und die Küken flügge sind, macht die bunte Färbung des Laubes den Wald zu einem optischen Erlebnis.

Auf dem Rückweg, wieder am Deich angekommen, kann man sich nun in der **Schankwirtschaft Andresen** 58 stärken, die seit 2007 auch ein Nationalpark-Partnerbetrieb ist. Auf jeden Fall lohnt ein Blick in das über 300 Jahre alte Gebäude mit den alten Fliesen und Kachelöfen.

Wer nach dem Eiergrog noch weitere Naturbeobachtungen am Abend machen möchte, sollte sich in der Dämmerung aufmachen und auf die **Flieger der Nacht** achten. In der Zeit zwischen Mai und September sind Großer Abendsegler, Breitflügel-, Zwerg- und Wasserfledermaus regelmäßig anzutreffen. Sie nutzen den Luftraum, um nachtaktive Insekten zu jagen. Exkursionen mit Fledermausdetektoren, die die Ultraschallrufe hörbar machen, werden vom NABU angeboten.

ab Seite 81

ab Seite 122

Seite 116

alle
Seite 130

Hasen-Klee

Zwergmöwen sind regelmäßige Gäste in der Eidermündung

Tour de Katwatt (Radrundfahrt)

Seite 47

Zu einer Rundreise um das Katinger Watt lädt Sie diese etwa 14,5 km lange Radtour ein. Teerdeich, Fahrrad- und Wirtschaftswege sind gut zu befahren und führen an Wetterunterständen, Aussichtspunkten und Rastplätzen vorbei. Möglichkeiten für kurze Abstecher bereichern den Rundkurs. Für alle ● siehe Seite 130.

Beginnen kann man die Strecke an den verschiedenen Parkmöglichkeiten, um dort die Zweiräder vom Vierrad abzuladen. Oder man startet von einem der nahegelegenen Bahnhöfe, z. B. Tönning oder Kating. Wir empfehlen das NABU Naturzentrum Katinger Watt als Startpunkt. Hier können Sie sich tagesaktuell über die Befahrbarkeit der Wege und die aktuellen Beobachtungsmöglichkeiten informieren.

Der erste Abschnitt der Radtour führt direkt an der Wasserkante des **Nationalparks Schleswig-Holsteinisches Wattenmeer** entlang nach Süden. Auf der Deichkrone fahrend, wird der Blick in das westlich gelegene Wattenmeer und die östlich gelegene Wiesenlandschaft der Eiderdammflächen geteilt. Starke Süd- oder Westwinde können allerdings das Radfahren hier oben auf dem exponierten Teerdeich zu einer sportlichen Herausforderung machen. Wer gemütlicher ans Ziel kommen möchte, kann auf den Fahrradweg am Deichfuß ausweichen.

Schon nach etwa 2,5 Kilometern besteht am **Aussichtsturm** 16 die erste Möglichkeit zur Rast. Der Turm bietet einen der schönsten Panoramablicke in der Eidermündung. Je nach Jahreszeit gelingen hier Beobachtungen von balzenden Kiebitzen und Uferschnepfen, mausernden Enten und rastenden Watvögeln. Nicht selten ruhen auf einer Insel vor dem Turm Kormorane oder Seeadler. Für diese Naturerlebnisse ist allerdings ein Spektiv (Fernrohr) oder ein gutes Fernglas zu empfehlen. Wer lieber in Bewegung bleiben möchte, radelt ohne Halt auf dem Teerdeich weiter gen Süden. Zwischen Oktober und Mai haben Radfahrer die Chance, von hier aus große **Gänse- oder Wiesenvogelschwärme** auf den **Eiderdammflächen** zu entdecken. In den Sommermonaten hingegen geben die bunte Blütenpracht auf den Mähwiesen und der gemütliche Tagesrhythmus von Rindern und Pferden auf den Weiden den Ton an.

Der Weg führt direkt zum **Eidersperrwerk**, wo es außer dem Bauwerk in den Monaten Mai und Juni eine weitere Besonderheit zu bestaunen gibt. Ein Abstecher auf die südliche Seite des Sperrwerks wird mit einem einmalig nahen Einblick in das Leben einer **Seevogelkolonie** 40 belohnt. In großer Anzahl brüten hier Küstenseeschwalben und Lachmöwen, aber auch einige Austernfischer und Sandregenpfeifer können im geschäftigen Treiben ausgemacht werden. Die eleganten Seeschwalben fischen oft direkt im sich verwirbelnden Wasser des Eiderstroms – je nach Wasserstand sind sie binnen- bzw. außendeichs auf der Jagd nach kleinen Fischen und Krebsen.

Wer sich schon hier seine Pause verdient hat, kann sich im **Kiosk Eiderblick** 60 mit einem Fischbrötchen, Kaffee und Kuchen oder anderen Speisen stärken. Auch auf der Nordseite des Sperrwerks findet sich die Gelegenheit zu einer gemütlichen Pause in der **Raststätte Haus Seestern** 61 oder – ein paar hundert Meter weiter entlang der Kreisstraße – im **Café Nationalparkpesel** 62. In beiden Häusern bietet sich die Möglichkeit, auf einer windgeschützten Terrasse auch weiterhin Sonne und frische Luft zu tanken.

Singschwäne – Wintergäste aus den Tundren des Nordens

Wer unserer Route auf dem Fahrradweg entlang der Kreisstraße weiter gen Osten folgt, hat im Mai oft die Chance, durchziehende Trauerseeschwalben und Zwergmöwen über dem Wasser des nahen Katinger Priels bei gaukelnden Flugmanövern zu beobachten 42. Von hier aus gelingen vor allem im Oktober und November schöne Blicke auf rastende Zwerg- und Singschwäne 43 sowie auf Tafel- und Schellenten. An ruhigen Wintertagen sind die sehnsüchtigen Rufe der Schwäne schon von Weitem zu hören.

Mit dem Weiterfahren auf dem Radweg ändert sich bald schon der Blick: Übersicht und Küstenflair weichen der Waldatmosphäre. Neue Gerüche, neue Farben, neue Strukturen und ein wenig mehr Windschutz erwarten nun den Tourenfahrer. An diesem Abschnitt liegen zwei kleine Schutzhütten 63. Der Radweg führt am **Nullgebiet** und am **Waldsee** vorbei (siehe Eiergrogtour).

Am Ende des Waldes trifft man linker Hand auf den Aussichtsturm Kiek ut 18 (dem Ausgangspunkt der nächsten Tour). Folgt man dem Radweg weiter gen Osten, bietet ein straßennaher Gehölzstreifen etwas Wind- und Wetterschutz. Auf der anderen Straßenseite geht der Blick weit über das offene **Feuchtgrünland der „Grünen Insel"**. Die nahe Eider ist von hier aus nur zu erahnen. Je nach Jahreszeit bestimmen neben den weidenden Schafen brütende Kiebitze oder rastende Nonnengansscharen das Bild. An einem kleinen Backsteingebäude, dem ehemaligen Sielhaus, wird der **Norderlochgraben** gequert. Der im Naturschutzgebiet liegende Teil des Grabens ist auch heute noch mit der Eider verbunden und daher tidebeeinflusst. Bei Hochwasser sind hier oft Möwen und Enten 64 verschiedener Arten zu sehen. Ist das Wasser abgelaufen, suchen Brandenten, Große Brachvögel und Austernfischer nach Nahrung.

Bevor unsere Radtour wieder in Richtung Eiderdeich nahe Kating führt, besteht die Möglichkeit, einen Abstecher zum nahen **Informationszentrum Spökenkieker** 65 zu unternehmen. Hier stellen sich insgesamt acht regionale land- und forstwirtschaftliche Verbände, der Fischerei- und der Jagdverband in Schautafeln vor. Das Informationszentrum Spökenkieker ist allerdings nicht ganzjährig geöffnet.

Ob mit oder ohne diesen Abstecher folgt unsere Route nun einem Plattenweg quer durch die Ackerflächen vor Kating. Je nach dem Stand der landwirtschaftlichen Arbeiten auf den Flächen ergeben sich verschiedene Beobachtungsmöglichkeiten auch in diesem Teil des Katinger Watts. Vor allem wenn die Äcker gepflügt werden oder direkt nach Erntearbeiten bietet sich für hungrige Lach- und Sturmmöwen, für Stare, Kiebitze, Kampfläufer und Goldregenpfeifer eine gute Aussicht auf Würmer und Bodeninsekten. Dem zweispurigen Plattenweg folgend, gelangt man wieder auf den alten Eiderdeich. Von hier oben lohnt ein Blick zurück über die weiträumige Agrarlandschaft mit Wald und Weiden im Hintergrund. Wie mag die Flussmündung hier einst ausgesehen haben?

Wir folgen dem Eiderdeich mit Blick über die Landschaft Eiderstedts wieder seewärts. In Katingsiel geht die Fahrt vorbei an der **Schankwirtschaft Andresen** (siehe Eiergrogtour) und dem **Naturinformationsareal** bis zum Ausgangspunkt der Tour am NABU Naturzentrum Katinger Watt – wo Sie uns gerne von Ihren Erlebnissen berichten können.

alle
Seite 130, 131

ab Seite 29

ab Seite 51

Ein heute seltenes Bild: Blühender Mohn am Ackerrand

Stippvisite in Wald und Feld

ab Seite 29

Kurze Wanderstrecke durch den Wald und die Ackerlandschaft von etwa 3,4 km Länge. Einzelne Streckenabschnitte können bei Nässe stark aufgeweicht sein – festes bis wasserdichtes Schuhwerk wird empfohlen. Aussichtsmöglichkeit am Start- bzw. Endpunkt der Wanderung.
Für alle ● siehe Seite 130.

Ein kurzer Spaziergang mit viel Abwechslung erwartet Sie entlang des Waldlehrpfades. Bereits am Startpunkt können Sie den Blick weit über die Landschaft streifen lassen. Der **Aussichtsturm Kiek ut** (18) bietet einen schönen Blick über das weiträumige Eiderufer, einen Teil der ehemaligen **„Grünen Insel"** und die angrenzenden Ackerflächen. In der Ferne liegt das Dithmarscher Ufer des Flusses. Besonders zu den Zugzeiten im Frühjahr und im Herbst rasten während des Hochwassers große Schwärme von Wat- und Wasservögeln im Feuchtgrünland am Fluss – hier hilft ein gutes Fernglas oder ein Spektiv (Fernrohr) beim Studieren der Vogelwelt.

Aussichtsturm Kiek ut

Nach der Orientierung am Aussichtspunkt startet die Wanderung auf dem **Waldlehrpfad**, der in Zusammenarbeit von Jägern und Forstverwaltung angelegt wurde. Die Katinger Ackerflächen und der Ringpriel begleiten den Weg streckenweise, sodass außer den typischen Waldbewohnern auch Arten anderer Lebensräume bzw. Grenzgänger zu erwarten sind.

Die zwölf Informationstafeln stehen in unregelmäßigen Abständen am Wegesrand und behandeln Themen wie die Jagd im Katinger Watt, verschiedene Baum- und Holzarten, der Wald als Lebensraum und einiges mehr. Ergänzt werden die Tafeln durch weitere Schauobjekte. So markiert ein mächtiger Holzpfahl den mittleren Hochwasserstand und auch die Pegelstände der schwersten **Sturmfluten** in der ehemaligen Eidermündung. Eindrucksvoll wird dadurch illustriert, welche Macht die Stürme an der Küste haben. Einen Überblick bietet der Hochstand in der Nähe am Weg (66) – für Frühaufsteher eine gute Gelegenheit, Rehe zu beobachten.

Dort, wo der Pfad auf den Ringpriel trifft, kommt bald ein **Beobachtungsversteck** in Sicht (67). Hier bietet sich ein heimlicher Blick auf das Gewässer

Rehbock am Ackerrand

und die Nisthilfen für den Eisvogel. Mit Glück und Geduld kann man den bunt schimmernden Vogel rasant über das Wasser fliegen oder am Gewässerrand auf Beute lauern sehen.

Auf etwa der halben Strecke befindet sich die **Schutzhütte „Weidmannsruh“** 68, neben der eine Bodensonnenuhr die Tagesstunde anzeigt. Kurz hinter diesem Rastplatz ändert der Weg in spitzem Winkel die Richtung. Von hier an bieten kleine Tafeln Bestimmungshilfen für das Erkennen von Büschen und Bäumen. Im September und auch später in der laubfreien Zeit fallen die Sanddornbüsche mit ihren leuchtend orangen Früchten auf. Ihre Vitamin-C-haltigen Früchte sind im dornigen Geäst nicht einfach zu ernten, doch sie werden aufgrund ihres speziellen Aromas gerne für Säfte und Konfitüren verwendet. Sanddorn-Produkte und eine Vielzahl weiterer Konfitüren kann man im Hofladen Dakota-Ranch erwerben 69. Der ebenfalls auf diesem Abschnitt des Pfades befindliche **Schaubienenstand** ist nur während der Flugphase der Honigbienen im Sommerhalbjahr besetzt. An sandigen Stellen am Weg sollte man unbedingt auch auf die Anwesenheit von Wildbienen oder **Ölkäfern** achten. Mit einer letzten Lehrtafel am Ausgang des Waldes endet der Lehrpfad. Der Aussichtsturm ist von hier aus schon wieder in Sichtweite, und nach einigen hundert Metern auf einem landwirtschaftlichen Nutzweg wird der Ausgangspunkt der Wanderung erreicht.

Seite 130

Seite 126

Wacholderdrosseln fressen die Vitamin-C-haltigen Sanddornbeeren

Ringpriel im Katinger Wald

Wandertour „Fix und fertig“

Ausgedehnte Wanderung durch das Katinger Watt. Strecke: 13 km. Zum Teil Überschneidungen mit den übrigen Strecken, daher beachten Sie bitte auch deren Wegbeschreibungen. Wetterunterstände im Wald vorhanden, Imbiss- und Rastmöglichkeiten beim Eidersperrwerk oder in der Schankwirtschaft Andresen.
Für alle siehe Seite 130.

Der Titel dieser Wanderung soll natürlich nicht abschrecken, und wie auf allen anderen Touren auch haben Sie die Möglichkeit, anhand der Karte selbstständig Abkürzungen und Variationen zu wählen.

Der Start der Route erfolgt einmal mehr am NABU Naturzentrum, wo Sie Informationen zu aktuellen Beobachtungsmöglichkeiten im Katinger Watt erhalten.

Seite 51

Der Weg folgt zunächst dem alten Eiderdeich gen Nordosten. Der Blick über das **Naturinformationsareal** mit den Beobachtungshütten 17 macht Lust auf Vogelbeobachtungen in den Verstecken, um den auf den Gewässern und Weiden lebenden Vögeln ganz nahe zu sein (Eiergrogtour).

ab Seite 9

In Katingsiel am Norderlochgraben biegt die Route in den Wald ab. Damit wechseln neben den landschaftlichen Eindrücken auch die sicht- und hörbaren Bewohner (Eiergrogtour). Nach dem Überqueren eines Teils des Katinger Priels führt der Weg durch den Wald bis zum **Ringpriel**. An diesem, **ursprünglich zu Wassersportzwecken** angelegten Gewässer, führt ein Pfad von dessen nördlichen bis zum südlichen Ende am Katinger Priel. Etwa ein Drittel dieser Teilstrecke überschneidet sich mit dem **Waldlehrpfad**. Hier bekommt der Wanderer einen ersten Einblick in das Innenleben des Waldes und kann später den gesamten Rundgang nachholen (Stippvisite in Wald und Feld). Die Bodensonnenuhr und die **Schutzhütte** „Weidmannsruh“ 68 laden in jedem Fall zu einer Rast ein und auch in der Beobachtungshütte 67 am Gewässer sollte man einen Blick auf den Ringpriel werfen.

Im Spätsommer kommen an den sonnigen Wegen viele Schmetterlings- und Libellenarten vor, während im späten Frühjahr die Blütenpracht u. a. von Vergissmeinnicht, Orchideen und Lupinen am Wegesrand auffällt.

Am südlichen Ende des Ringpriels führt ein kurzer Waldweg in südliche Richtung zur Kreisstraße 41, an der sich auch eine kleine Wetterschutzhü 63 (*) befindet. Hier quert die Wanderroute die Straße und folgt dem sandigen Stichweg bis zum **Leitdamm**. Linker Hand befindet sich das Nullgebiet. Vom Leitdamm aus lassen sich hervorragend rastende und nahrungssuchende Vögel auf beiden Seiten des Dammes beobachten, besonders geeignet ist dafür die Zeit etwa zwei Stunden vor bis zwei Stunden nach Hochwasser.

Auf dem Leitdamm wenden wir uns westlich dem Sperrwerk 7 zu. Bei Hochwasser geht der Weg an der Wasserkante entlang, bei Niedrigwasser bietet sich ein Blick auf die Wattflächen – zu jeder Jahreszeit ein spannender Streckenabschnitt. Auf der Binnenseite liegt in dieser Höhe des Leitdamms das **Speicherbecken** 27 Hier können verschiedene Arten von Enten, Seeschwalben und Tauchern gesichtet werden. Kurz vor dem Betriebsgelände des Eidersperrwerks führt ein Trampelpfad durch Suk-

Aussichtsturm auf den Eiderdammflächen

zessionsflächen zurück zur Kreisstraße. Für den gemütlichen Wanderer bietet sich eine Einkehr im **Café Nationalparkpesel** 62 oder in der **Raststätte Haus Seestern** 61 an. So gestärkt geht es zum Sperrwerk und weiter auf dem geteerten Seedeich entlang. Wie schon in der Tour de Katwatt beschrieben, lohnt im Mai und Juni ein Abstecher auf die südliche Seite des Sperrwerks zur Seevogelkolonie 40 an der Außenseite des Bauwerks.

Um die Wanderung abzuschließen, folgt die Route nun dem Teerdeich nach Norden. Auf der Deichkrone oder am Meeressaum lässt es sich gut gehen. Wie schon auf dem Leitdamm ist der Teerdeich als Grenzlinie besonders interessant. Auf der Binnenseite liegen die **Eiderdammflächen**, die im Frühjahr die Brutvogelwelt der Wiesen präsentieren und im Winterhalbjahr als Rastfläche für Tausende von Nonnengänsen dienen 51. Auch der außendeichs gelegene Spülsaum des Teerdeiches ist eine Kinderstube der Vögel. Küstenvögel wie Austernfischer und Seeregenpfeifer brüten hier – daher sollten Sie bei rufenden, warnenden Tieren, die von April bis Juni zu hören sind, zügig weitergehen, um die Tiere nicht unnötig zu stören und zu beunruhigen.

Ein Abstecher zum Aussichtsturm 16 wird mit einem Rundumblick über die weiträumige Landschaft belohnt (Tour de Katwatt). Dem geduldigen Beobachter zeigen sich von erhöhter Warte auf dem Katinger Priel und im Feuchtgrünland immer wieder spannende Naturerlebnisse.

Vom Turm aus sind es noch etwa 2,5 km über das Nordende des Teerdeiches bis zum NABU Naturzentrum Katinger Watt, dem Ausgangspunkt der Wanderung. Sollten Sie nun tatsächlich fix und fertig sein, können Sie sich bei uns im Garten oder auf der Terrasse während der Öffnungszeiten vom 1. April bis 31. Oktober von 10 bis 18 Uhr gerne wieder erholen.

alle
Seite 130

Blütenstand der Vielblättrigen Lupine

Mit Raubtiergebiss und Kälbchenaugen

Der wissenschaftliche Name *Phoca vitulina* bedeutet „Kälbchen-Robbe“ – was sich auf den neugierigen und verspielten Charakter der Seehunde beziehen soll. Oder hat da jemand zu tief in die großen, dunklen Augen der Robbe geschaut? Seehundmännchen sind mit einer Körperlänge von bis zu 1,80 Meter und mit einem Gewicht von manchmal über 100 Kilogramm Gewicht recht stattliche Raubtiere. Die Robben sind in vielerlei Hinsicht an das Leben im Wasser angepasst. Sie tauchen bis zu 30 Minuten lang und 480 Meter tief. Mit ihren Augen sehen sie dabei unter Wasser scharf – benötigen über Wasser aber eigentlich eine (Taucher)Brille. Die empfindlichen Tasthaare im Gesicht ermöglichen das Jagen selbst im trüben Wattenmeer oder bei Nacht. Interessanterweise müssen die Tiere nicht trinken, da Meeresfische kaum Salz, aber viel Wasser enthalten. Ansonsten fressen die Robben das, was lokal am leichtesten zu fangen ist: Im Wattenmeer sind es unter anderem Plattfische, Garnelen und Grundeln. Letztere sind vor allem als erste Übungsbeute bei Jungtieren beliebt. Vier bis sechs Wochen nach der Geburt Ende Mai sind die Jungen durch eine extrem fettreiche Milch auf 25 bis 30 Kilogramm angewachsen und werden vom Muttertier verlassen. Während sich die Alttiere erneut paaren und ihre Haare wechseln, lernen die jungen Robben selbstständig das Fischen.

Durch Bejagung hatte sich der Bestand der Seehunde im Wattenmeer bis Anfang der 1970er-Jahre auf 4 000 Individuen verringert, erholte sich dann aber durch strenge Schutzmaßnahmen langsam auf 10 000 gezählte Tiere vor einem ersten Robbensterben 1988 und auf 21 000 Tiere vor einer zweiten Staupeepidemie in 2002. Beide Epidemien nahmen ihren Anfang an der dänischen Insel Anholt. Die Ursachen für die Staupevirusepidemien sind bis heute weitgehend ungeklärt. Im Jahr 2005 wurden nicht ganz 15 000 Seehunde im Wattenmeer gezählt.

Auch an der Fahrrinne in der Eidermündung werden in der Regel ab Mitte Juni Seehunde geboren. Die Tiere sind hier bei Ebbe im Rahmen der touristischen Schifffahrten oder in der Seehundstation Friedrichskoog gut zu beobachten (weitere Informationen: www.Seehundstation-Friedrichskoog.de).

Von Hausbesetzern und Mitbewohnern

Einsiedlerkrebse kommen weltweit in vielen Arten vor. Der häufigste des Wattenmeeres trägt den lateinischen Namen *Eupagurus bernhardus*. Er lebt in den Gehäusen toter Meeresschnecken. An das Leben als „Hausbesetzer" ist er gut angepasst: Seine vier vorderen Beine und die zwei unterschiedlich großen Scheren sind gepanzert und ragen aus dem Gehäuse heraus, während der weiche Hinterleib im gedrehten Schneckenhaus festgekrallt wird. Das Festhalten im Gehäuseinneren geschieht mit Haken am Hinterleibsende. Auch die zwei hinteren Beinpaare haben eine Funktion im Inneren des Gehäuses: Sie sind zwar verkümmert, werden aber beim Hausputz eingesetzt. Der Einsiedlerkrebs ist ein Aasfresser, der auch lebende Kleintiere erbeuten kann. Seine Tischmanieren sind vornehm, besitzt er doch zwei unterschiedlich große Scheren. Während die größere linke Schere als Messer zum Zerkleinern der Nahrung dient, führt die kleinere rechte Schere als Gabel die Nahrung zum Mund.

Besonders interessant ist, dass sich Einsiedlerkrebse häufig mit anderen Tierarten das Gehäuse teilen. Im Wattenmeer sind die Schneckengehäuse oft mit einer stacheligen, braunrosa Kruste überzogen. Dies sind Kolonien des Stachelpolyps, eines entfernt mit den Korallen verwandten Nesseltieres. Der Polyp vergrößert das Gehäuse mit Kalk passgenau für den Krebs. Im Gegenzug werden die Nesseltiere herumgetragen, was sie vor Übersandung schützt. Außerdem profitieren sie von den Nahrungsabfällen des Krebses. So haben beide Tierarten etwas von ihrer Wohngemeinschaft. Biologen nennen dies Symbiose. Alles könnte schön sein, wenn der Krebs nicht wachsen würde und so regelmäßig zum Umzug in eine größere Wohnung gezwungen wäre. Die kleinen Krebse wohnen oft in den Gehäusen der Gemeinen Strandschnecke, die erwachsenen Krebse in Gehäusen der Wellhornschnecke. Die Wohngemeinschaft kann auch im Aquarium des NABU Naturzentrums beobachtet werden.

NABU Naturzentrum Katinger Watt

Viele Besucher bezeichnen das NABU Naturzentrum Katinger Watt als eine Oase. Sie genießen den Anblick des liebevoll gestalteten Gartens, erfreuen sich an den vielen ständig wechselnden Kleinigkeiten zum Spielen und Ausprobieren und lassen die Seele baumeln. Sie können gerne mit Fragen zu uns kommen oder einfach nur gemütlich auf der Terrasse sitzen und entspannen.

Grauganskücken

Ein Besuch lohnt sich immer. Im Garten gibt es täglich Veränderungen in der Zusammensetzung der Blütenpracht. Allerlei Pflanzen mit wundersamen Namen, exotischem Aussehen, spannender Biologie und ungewöhnlichen Düften wachsen in allen Ecken des Geländes.

Eine Ausstellung zeigt den Verlauf der Eider und ihre 600-jährige, dramatische Geschichte und stellt Lebewesen aus Meer- und Süßwasser in zwei Aquarien gegenüber. Zwei raumgreifende Dioramen geben einen Eindruck von den nachhaltigen Veränderungen der Landschaft nach der Eindeichung wieder.

Mit unserem Veranstaltungsangebot führen wir Sie in die Natur der Eidermündung. Sowohl Wattführungen mit verschiedenen Schwerpunkten als auch Eiderfahrten mit Seetierfang mit Startpunkt Tönning 70 bzw. Eidersperrwerk 71 werden durchgeführt (siehe Seite 130, 131). Auf den Eiderfahrten werden einerseits die Tiere und Pflanzen über und unter dem Wasser erklärt und andererseits auch die Landschaft. Jedesmal ist die Spannung groß, wenn das kleine Netz eingeholt und der Fang begutachtet wird.

Wem fester Boden unter den Füßen lieber ist, kann vom NABU Naturzentrum ausgehend an spannenden und interessanten Führungen an Land teilnehmen. Sei es eine vogelkundliche Führung oder eine Fledermausexkursion, ein Vortrag über die Eidergeschichte oder eine Sinnesführung durch den Fühlpfad – jede Veranstaltung nähert sich auf andere Weise der Natur. Dem Besucher bieten sich so viele anregende und attraktive Möglichkeiten, diese zu entdecken, zu erfahren und kennenzulernen.

Für Kinder und Jugendliche aus der Umgebung des Katinger Watts gibt es die Forscherteams. Drei

Gruppen mit Kindern unterschiedlichen Alters treffen sich regelmäßig, um sich spielend im Naturzentrum und auf Ausflügen mit der Natur zu beschäftigen. Die Treffen der Forscherteams werden in Kooperation mit den Stationen Westerhever und St. Peter-Ording der Schutzstation Wattenmeer (www.Schutzstation-Wattenmeer.de) organisiert und durchgeführt.

Die Besonderheiten im Veranstaltungsprogramm sind die alljährlich im Mai stattfindenden NaturErlebnisTage, der Westküsten Vogelkiek am ersten Oktoberwochenende und die bundesweit durchgeführte Stunde der Gartenvögel.Wer Wissen mit nach Hause nehmen möchte, findet bestimmt ein passendes Buch in unserem Shop oder kann sich in der Bestandsbücherei informieren.

Zusätzlich zu den beiden hauptamtlichen Kräften werden Sie von Zivildienstleistenden und TeilnehmerInnen des Freiwilligen Ökologischen Jahres (FÖJ) begrüßt und bei Ihrem Aufenthalt an der Eidermündung mit einem breiten Informationsangebot unterstützt. Unsere MitarbeiterInnen freuen sich auf Ihren Besuch.

Gleich dreifach erlebbar wird der Nationalpark Wattenmeer mit dem Kombiticket. Besuchen Sie mit einem vergünstigten Ticket das NABU Naturzentrum Katinger Watt und unsere Kooperationspartner, das NationalparkZentrum Multimar Wattforum und die Seehundstation Friedrichskoog.

Und zum Schluss ein ganz besonderer Service:

Optik zum Ausleihen

Um immer alles gut im Blick zu haben und auch bei größeren Entfernungen das Gefühl von Nähe zu erleben, bietet das NABU Naturzentrum Katinger Watt mit der Unterstützung der Leica Camera AG einen besonderen Service. Leihen Sie sich bei uns ein Fernglas oder Spektiv der aktuellen Produktserie und gehen Sie damit im Katinger Watt auf Entdeckungsreise. Ohne störende Einwirkungen kommen Sie damit auch den scheuen Bewohnern der Eidermündung nahe und können ganz besondere Momente und Naturschauspiele genießen. Aber damit nicht genug: Die Leica Camera AG ermöglicht Ihnen nicht nur dieses besondere Sehvergnügen, sie unterstützt auch unsere Arbeit zum Erhalt der Lebensräume im Katinger Watt für Tiere und Menschen. Dafür danken wir ganz herzlich der Leica Camera AG.

Das NABU Naturzentrum Katinger Watt mit blütenreichem Sommergarten

NABU – FÜR MENSCH UND NATUR

Über 100 Jahre erfolgreicher Naturschutz

Naturschutz hat Geschichte, denn das Verschwinden von Tier- und Pflanzenarten, die großflächige Wasser- und Luftverschmutzung, die Zersiedlung der Landschaft, das Verschwinden von Hecken oder die Trockenlegung von Feuchtgebieten sind keine exklusiven Erscheinungen unserer Zeit. Schon vor hundert Jahren schreckten diese unübersehbaren Umweltzerstörungen in Deutschland viele Zeitgenossen auf. Eine der unmittelbaren Folgen war die Gründung des Bundes für Vogelschutz im Jahr 1899, aus dem später der Naturschutzbund Deutschland (NABU) entstand.

Die Gründungsversammlung des Bundes für Vogelschutz (BfV) fand am 1. Februar 1899 in der Stuttgarter Liederhalle statt. Zweck des Bundes war laut Satzung, „in umfassendster Weise zum Wohle unserer nützlichen Vögel zu wirken." Deshalb galt es, „den Massenmord der Zugvögel" und „die thörichte Mode, Vogelbälge auf den Hüten zu tragen, energisch zu bekämpfen." Vorsitzende wurde zu einer Zeit, als Frauen noch kein Wahlrecht hatten eine Frau: Lina Hähnle, Gattin des Industriellen und liberalen Reichstagsabgeordneten Hans Hähnle. Die 47-jährige Mutter von sechs Kindern war bis zu diesem Zeitpunkt vor allem im karitativen Bereich engagiert und stieß zum Naturschutz, weil sie „die rücksichtslose Ausbeutung der Natur einfach nicht mehr mit ansehen" konnte. Erst nach langem Zureden und der Versicherung der Mitgründer, unter der Flagge des Vogelschutzes für die gesamte Natur wirken zu wollen, erklärte sie sich bereit, Namen und Vereinszweck auf den Vogelschutz zu begrenzen, denn Lina Hähnle selbst strebte stets einen breiter angelegten Naturschutz an. Das Pachten, Kaufen und Betreuen von Schutzgebieten gehörte von Anfang an zu den Verbandszielen. Die ersten betreuten Gebiete waren 1899 die Nachtigalleninsel bei Giengen, 1908 die Neckarinsel bei Lauffen und 1911 der Federsee bei Bad Buchau.

Mehr als 400 000 NABU Mitglieder setzen sich heute für die Natur ein – als aktive Umweltschützer oder engagierte Förderer. Sie sind in rund 1 500 lokalen Kreisverbänden und Gruppen in ganz Deutschland organisiert und vornehmlich ehrenamtlich tätig. Mitglied zu sein im NABU heißt nicht nur stiller Förderer zu sein oder als Mitglied freien Eintritt in alle NABU Informationseinrichtungen zu haben, sondern es heißt auch mitbestimmen zu können. Die Mitglieder bestimmen letztendlich, wohin sich der Verband entwickelt, ob sich neue Ideen durchsetzen, ob Kampagnen und Projekte erfolgreich sind.

Neben der politischen Arbeit ist die praktische Naturschutzarbeit nach wie vor eines der grundsätzlichen Ziele. Die Betreuung von Schutzgebieten und das Erfassen von Tier- und Pflanzenbeständen gehören neben der Begeisterung junger Menschen für ihre Lebensumwelt zu den wichtigen Aufgaben. Der direkte Kontakt mit der Natur wird darüber hinaus in Führungen und Exkursionen vermittelt und trägt zum besseren Verständnis komplexer ökologischer Fragen und zur besseren Kenntnis der heimischen Flora und Fauna bei.

Die NABU Gruppe Eidermündung trifft sich einmal im Monat im NABU Naturzentrum Katinger Watt, um Neuigkeiten auszutauschen, Exkursionen und Arbeitseinsätze in den betreuten Gebieten zu planen und über die Entwicklung der Naturschutzpolitik in der Region und darüber hinaus zu sprechen. Gäste und neue Mitglieder sind jederzeit herzlich willkommen.

Vogelmutter mit Courage

Als Lina Hähnle 1899 mangels anderweitiger Freiwilliger mutig einspringt und den Vorsitz des neuen Bundes für Vogelschutz (BfV) übernimmt, wird das vor allem von der Männerwelt auch mit einigem Stirnrunzeln zur Kenntnis genommen. Das übersteigt denn doch klar das karitative Engagement, das man Frauen in dieser Zeit aus ihrer zugewiesenen alleinigen Mutterrolle heraus zubilligt.

Lina Hähnle wird am 3. Februar 1851 in Sulz am Neckar als Tochter des Salineninspektors Johannes Hähnle geboren und wächst in Rottweil, Schwäbisch Hall und Tübingen auf. Im Alter von zwanzig Jahren heiratet sie ihren Vetter, den Fabrikanten Hans Hähnle.

Dass Lina Hähnle am Ende ganze 38 Jahre lang den Verband führen und unverwechselbar prägen würde, konnte niemand vorhersehen, am allerwenigsten sie selbst. Dass sie es überhaupt wagt, ist neben ihrer Sorge um die Natur sicher auch dem Rückhalt zu verdanken, den sie bei ihrem Gatten findet. „Du kannst es tun und ich will es unterstützen, aber mache unserem Namen keine Unehre", antwortet Hans Hähnle auf ihr Ansinnen. Das ist nicht euphorisch, aber Hähnle hält sein Wort und unterstützt den Bund für Vogelschutz sowohl finanziell als auch durch seine Verbindungen als Reichstags- und Landtagsabgeordneter. Die beiden Wohnsitze der Familie in Stuttgart und in Giengen an der Brenz fungieren über Jahrzehnte abwechselnd als gut ausgerüstete Geschäftsstellen.

Lina Hähnle findet sich rasch in die neue Rolle als Verbandschefin. Sie lernt Vorträge zu halten, zu organisieren und anzuleiten. Von durchaus resoluter Natur ist Lina Hähnle offensichtlich mit der natürlichen Gabe ausgestattet, Zwistigkeiten zu schlichten und Kompromisse zu finden. In der stark zersplitterten Naturschutzszene wird sie zu einer wichtigen Integrationsfigur. Bei allem Reichtum der Familie bleibt Lina Hähnle materiell bescheiden. Sie reist noch bis ins hohe Alter hinein in der Bahn grundsätzlich per „Holzklasse". Nur dort, gibt sie zu verstehen, könne man doch mit den Leuten wirklich ins Gespräch kommen. Und immer hat sie am Ende einer Fahrt einige Mitreisende als neue BfV-Mitglieder gewonnen.

Lina Hähnle stirbt am 1. Februar 1941, zwei Tage vor ihrem 90. Geburtstag und genau 42 Jahre nach Gründung des Bundes für Vogelschutz. Heute ehrt ihr Name Straßen, Waldwege und Häuser. Ihr zu Ehren trägt auch das NABU Naturzentrum Katinger Watt den Namen „Lina Hähnle Haus" – mit dem Anliegen es Lina Hähnle gleich zu tun und ihre Grundidee, „mit den Menschen im Gespräch zu bleiben", weiterzuführen.

ARTENREGISTER

Seitenzahl: normal = Erwähnung im Text, *kursiv* = Bild, **fett** = Kurzporträt mit Bild

Tiere

Linke Seite: Flussseeschwalben bei der Balz

Pflanzen

Im Text wurden die beiden Distelarten Gewöhnliche Kratzdistel (*Cirsium vulgare*) und Acker-Kratzdistel (*C. arvense*) zur besseren Lesbarkeit als Disteln zusammengefasst, da sie immer gemeinsam auf den Flächen vorkommen.

Linke Seite: Strand-Tausendgüldenkraut

STICHWORTREGISTER

BILDNACHWEIS

Abkürzungen: h = Bild im Hintergrund und v = Bild im Vordergrund (bei Überlappungen), o = oben, m = Mitte, u = unten, r = rechts, l = links

Landesamt für Natur und Umwelt: Luftaufnahmen aus dem Jahr 2004 als Grundlage für die Kartendarstellungen

Dieter Affeldt: 76o, 83, 105, 126h
Thomas Behrends: 61, 123
Martina Berg: 122or
Hartmut Brandt: 3, 6, 7, 8, 64o, 68h, 71o, 86u, 91u, 101u
Holger A. Bruns: 57, 64u, 68v, 82uh, 140
Peter Buschmann: 55, 72o, 87, 100, 104o
Reiner Büttner: 125uv
Swen Darmer: 74o, 80, 81, 154
Jochen Dierschke: 23
Holger Duty: 75, 79, 117, 119
Markus Gebel: 127h
Hans-Wilhelm Grömping: 120
Thomas Grünkorn: 22u
Axel Halley: 26/27, 28o, 35, 115, 116
Martin Hofer: 144o
Ronnie Howard: 96
Roland Ibrom: 145o
Henk van der Jeugd: Titel ol
Jutta Förster: 92v
Hans Katzenberger: 78u
Alexander Koenders: 71u
Marcel Langelaan: 89
Ingo Ludwichowski: 104u
Werner Lui: 134u
Maretarium.fi: 60
Dmitry Mikhailov: 82uv
Martina Misar: 129o
Claudia Mohra: 126v
NABU-Archiv: 9, 12, 63, 97, 127v, 128, 138u, 142, 146, 147
Klaus Pollmeier: 95
Norbert Rech: 52, 102, 114
Willi Riedel: 144u
Rick Robaard: 70
Gerd Rossen: 124, 125uh
Christopher Schmidt: 88 alle
Bernd Seberich: 22o, 50
Lothar Sielmann: 16, 20, 32, 37u, 39o, 54u, 56, 92h, 94, 98o, 99, 103, 106, 107, 108, 136, 137
Niels Sloth: 121
Jan Sohler: 82o
Svetoslav Spasov: 54
Reimer Stecher: 28u, 48/49, 65, 74ul+r, 86o,98u, 101o, 109, 112, 134o, 139u, 148, 152, 156
Christian Stein: 118
Martin Stock: 24
Emanuel Trummer: 122ol
Stefan Wolff: Titel h, Titel mr, 4/5, 13, 17, 18/19, 23u, 24o, 29, 31, 33, 34, 36, 37o, 38, 42, 43, 45, 46, 47, 51, 58, 59, 62, 66, 67, 72u, 73, 76u, 77, 78o, 84, 85, 90, 91o, 93, 113, 125o, 129u, 132, 133, 135, 138o, 139o, 141, 143, 145
Jan Wolfs: 70

KARTENVERZEICHNIS

Linke Seite: Frisch geschlüpfter Großer Blaupfeil

ABBILDUNGS- UND TABELLENVERZEICHNIS

IMPRESSUM

NABU Naturzentrum Katinger Watt
Lina Hähnle Haus
Katingsiel 14
25832 Tönning

Tel.: 0 48 62 - 80 04
Fax.: 0 48 62 - 1 73 93
E-Mail: Katinger.Watt@NABU-SH.de

www.NABU-Katinger-Watt.de

Texte: Holger A. Bruns, Sibylle Stromberg, Stefan Wolff

Satz und Layout: Stefan Wolff

Titelbild: Großer Klappertopf, kleine Bilder von oben: Vogelbeobachter, Highland-Rind und Uferschnepfe

Zitiervorschlag: Bruns, H. A., S. Stromberg & S. Wolff (2007):
Naturführer Eidermündung. Husum, Nordsee. Husum Druck- und Verlagsgesellschaft.

Bibliografische Informationen der Deutschen Nationalbibliothek

Die deutsche Nationalbibliothek verzeichnet diese Publikation in der Deutschen Nationalbibliografie; detaillierte bibliographische Daten sind im Internet über http://dnb.d-nb.de abrufbar.

Der „Naturführer Eidermündung" konnte mit der freundlichen Unterstützung der Leica Camera AG und der Beatrice Nolte Stiftung verwirklicht werden und wurde durch Erträge der Umweltlotterie Bingo gefördert.

BEATRICE NOLTE STIFTUNG
FÜR NATUR- UND UMWELTSCHUTZ

© 2008 by Husum Druck- und Verlagsgesellschaft mbH und Co. KG, Husum

Druck: Husum Druck- und Verlagsgesellschaft, Postfach 1480, 25804 Husum
www.verlagsgruppe.de

ISBN 978-3-89876-388-2

Verzeichnis der wichtigsten Ortsangaben und Phänomene